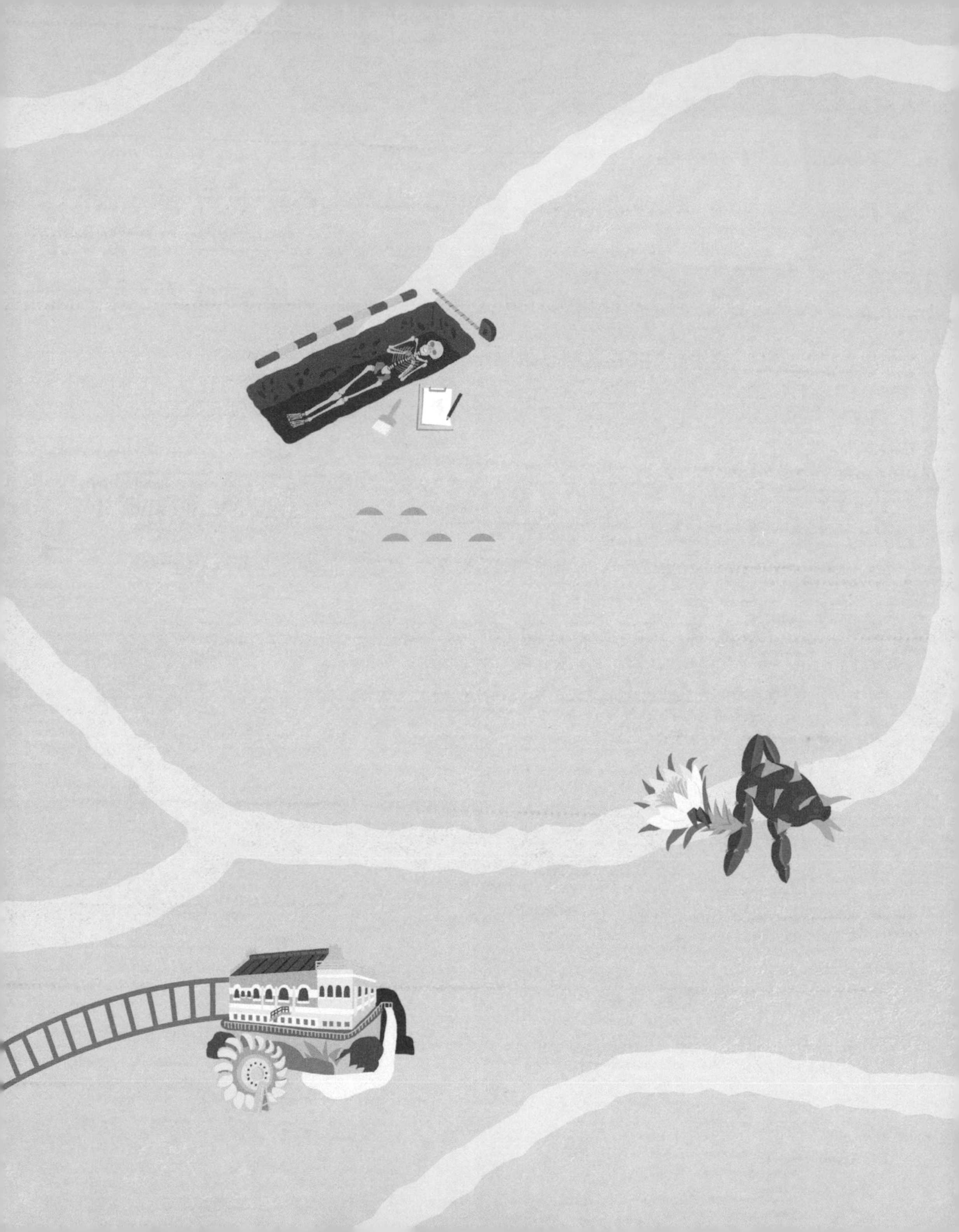

新課綱增訂版

跟著課本去旅行

20條玩遍台灣的
親子旅遊×
素養生活提案

《親子天下》編輯部——著

about this book
關於本書
跟著課本去旅行

如何開啟素養對話？

《跟著課本去旅行》是打開親師生旅途話匣子的「互動最佳幫手」。能否在旅途中叫得出動物、植物的名字並不重要，更重要的是要開發孩子的觀察力與好奇心，讓孩子明白原來在課本之外，還有「隱藏版」的知識與趣味。

二〇二二年加入新課綱素養學習與聯合國永續發展目標（SDGs），搭配上素養對話練習手冊，沒有標準答案的開放式題目，來到每個景點時，親師生一起找出屬於自己的答案，以樂趣驅動學習，用陪伴深化學習。

另外，還可以跟著手冊做準備、規劃屬於一家人或和同學間，一場不一樣的旅行，學習更立體有趣。

特色重點：

素養對話練習手冊：旅學的主角是孩子，這本手冊協助孩子對照 Check List 準備旅行物品、規劃旅遊路線、尋找提問單中的答案、旅程中的支出規劃與記錄。讓旅學的每個當下都紀錄在手冊中，成為最美好的學習歷程。

提問學習單：特色景點的素養提問，適合親師生一起討論，找

出屬於自己的答案，增加旅行的樂趣，寓教於樂、更有意義。

冷知識：書中每個景點的背後都大有來頭，親師希望小朋友到此一遊還能增長見識的話，不妨祭出幾招冷知識來考考小孩，就算當做打發旅程中漫長的通車時間也好，只要能吸引孩子的注意力，就能讓他們多接觸新鮮事物、學到更多常識，還可以鼓勵孩子追根究柢的精神。而且爸媽隨時撂幾個專有名詞，也可以贏得孩子崇拜的眼光！

學更多：網站、書籍、電影、影片等各種資料來源，都可以作為爸媽補充知識的寶庫，有效增添對小孩「老王賣瓜」的本領喔！至於年齡大一些的小朋友，則可以透過閱讀自習來增加自身的知識與常識。

不吃不可：吃不只填飽肚子，從在地飲食可以了解，當地人因為生活、環境，而改變了口味，像是客家人為什麼吃得比較鹹？說到南台灣想到的就是甜？每個地區都著不一樣的料理方式與口味，所以在旅行之餘，當然也要用舌頭認識每個地方的多元文化，找找當地特有文化，品嚐美味的食物。

達人加持：本書網羅熟稔當地的國中、國小教師，地區文史工作者、專家達人，透過他們的在地解說，成為本書走讀台灣最堅強的知識寶庫。

content

目録

跟著課本去旅行

東部

SDGs

與SDGs連結，走讀台灣成為世界公民

文—親子天下編輯部

全世界的天災不斷，瘟疫蔓延、森林大火、洪水氾濫……，許多人開始警醒，人類發展不能再犧牲環境，需要一個生機永續的地球，也因此聯合國在一百九十三個會員國的決議下，提出了聯合國永續發展目標（Sustainable Development Goals, SDGs），主張經濟成長、社會進步、環境保護三大面向，應該互利共贏，而非永恆對抗，做為二〇三〇年前世界各國奔向永續新世界的行動方針。

自二〇一五年聯合國提出 SDGs 至今，台灣教育現場也有愈來愈多老師開始思考，如何將永續發展目標（SDGs）與課程做連結。而透過旅行能帶孩子輕鬆認識這些議題，打開孩子們的視野，成為喚醒意識、改變行為和參與的開端。

聯合國永續目標（SDGs）共有十七項的內容，在這次《跟著課本去旅行》的新課綱增訂版中，特別以「可負擔的能源」、「減少不平等」、「海洋生態」、「和平正義與制度」這四項目標結合旅遊帶孩子認識 SDGs。（見一六〇頁）

聯合國永續發展目標（SDGs）第 7 項：人人能有負擔得起、可靠且永續的能源。

電力的發現和運用，是將人類推向文明的新里程碑，但電力摸不到、看不到，該如何

永續發展目標

讓孩子對電力有感？走一趟D/S ONE電幻1號所，再生能源不再是抽象難理解的知識。拜訪桂山發電廠，也能了解水力發電的奧祕。

聯合國永續發展目標（SDGs）第10項：減少國內與國家間的不平等。來到新北市中和區的華新街，短短一條街上的餐飲、語言跟氣息，有如東南亞多元文化的縮影，不只是可以品嚐到美食，還有著阿叔阿孃飄洋過海的生命故事。一起體驗多元文化，對不同族群理解、接納，就能減少不平等。

聯合國永續發展目標（SDGs）第14項：保育及維護海洋資源。海洋就是最好的環境保育教室，帶孩子走一趟海線之旅，讓爸媽帶著孩子一起想一想：「想繼續保有這片美麗海洋，我能做些什麼事？」也許就能在孩子心中埋下保護海洋與海岸生態的種子。

聯合國永續發展目標（SDGs）第16項：和平、正義與健全的司法。該如何將「權利」的概念具象化？把公民課搬到立法院和法院來上，踏進議場感受氛圍、認識位置配置等，絕對比課本裡的名詞解釋學得深刻。

旅行，是最好的素養教室

文—親子素養教育專家、作家 顏安秀

近幾年的教育會考或學測，已經證明評量的走向，早已經揚棄傳統照本宣科的方式，學者反覆強調閱讀理解跟大量訊息快速掌握，及正確選擇的重要性。要從考場凱旋而歸，唯一的良方已經變成「利用學過的一切，解決眼前的題目」。

孩子需要的那所謂一切，何止是他背誦記憶的所有，簡直是他一生到考場為止，所內化的能力，這也就是很難一言以蔽之，到底該怎麼準備的「素養」？

素養教育，其實家庭內天天都在進行，「學習新知」跟「解決問題」，成為一起進行的雙軸：學習新知後，用來解決問題；或者，為了要解決問題，而趕快找尋所需的新知來學習。強韌心智（積極正向）、自學力（閱讀）、表達力（寫作口說），成為素養教育下，最重要的三大目標。最豐富的學習場域，就是父母所提供精心設計的親子旅行。

透過旅行中不同場景、變動性環境、多元訊息、意外突發狀況等，培養、訓練、打造、提升、豐富化孩子的視野和生命。因為一段很棒、讓孩子親身投入且參與的旅行，在過程中，他要能讀、能聽、能觀察，也要能組織、能判斷，加上有行動，甚至自我回饋跟修正，「素養」在無形中就建立了。

自助旅行學習挑戰眼見的困難

我喜歡帶孩子自助旅行，也在一次次旅行中，看見孩子能力建構，與內在心智的逐漸強健。帶孩子去日本鐵道旅行時，看到她學會判讀圖表跟資訊、衡量時間跟計算金額，既能鼓起勇氣使出渾身解數溝通，也能大方和善的交朋友。在自助旅行中，同時也學習壓力的調適、保有彈性與接受變化，以及維持正向情緒。

而所有學習的「材料」，都跳脫課本，是活生生的真實體驗；而她要解決的，是近在眼前的困難或挑戰。

此外，更重要是對人的連結與關照。全家在一起的時候，學習照顧妹妹。和老師與媽媽出去時，學習調適體力克服疲勞。只和媽媽兩個人闖蕩天涯時，學習陪伴媽媽。旅行時，她不是家裡備受寵愛的嬌滴滴姑娘，而能像個大人背起行囊練習獨當一面，當個可討論、提供資訊、協助下決定，甚至能陪伴依靠，最好的旅伴。

好的親子旅行該具備什麼呢？

❶將3C當作查找資料的工具：手機是個好工具，要讓孩子習慣在旅行中「善用工具」。手機可以查出各種資訊，如天氣、電車班次、氣

候、賣場店鋪等，並不是讓孩子換個地方滑手機。

❷父母與孩子大量的對話：內容包括旅行途中接觸到什麼（含眼見、欣賞、聆聽、觸摸、鼻聞等），有什麼感受（正反面都可以）。看似隨意的聊天，但都是父母設計過的引導。孩子小的時候，讓他說出來。大了點後，請他沿路一段段簡單紀錄，回來稍加整理，就是一篇遊記。

❸設定小任務，但需要適合孩子的心智程度：比如說，我會讓未上小學的妹妹自己收行李、幫忙推行李、安靜的看書、畫畫、幫忙顧東西、她自己畫表格評比對飯店的喜愛等；但我會讓中年級的姊姊提出行程建議，條列優缺點來討論，也會讓她去寫／寄明信片給師長朋友，鐵道旅行時去櫃臺劃指定席座位……等。兩人雖有不同的「關卡」，但姊妹倆都要知道自己有多少零用錢可以買多少東西，她們可以各買各的，也可以合在一起買大組，她們要懂得彼此協商，找出彼此雙贏的方案……。

❹讓孩子多點體驗與決定，父母適時裝笨：我們會去很多大公園，各種器具就給孩子去玩去爬。我們也會去各景點，就讓孩子拿地圖決定路線當嚮導。我也會問孩子：「現在北有楓葉、南有銀杏，媽媽兩種都想拍，怎麼辦呢？」她竟然能提出一個兩全其美的解方。父母的放手，適度將決定權交付孩子，常會有驚奇的收穫，孩子也在這

樣的「訓練」中，思維愈見縝密。這也同時是在讓孩子學習「承擔」與「責任感」，點點滴滴都是可貴的經驗。

我欣見孩子在「書背得很熟」或「考試獲高分」之前，更有「生活的能力」，以及「與環境調和的能力」，這才能扎根在心裡，陪伴走人生道路。未來的世界，不需要孩子背誦很多知識，但會需要孩子調度資源，人我和諧，解決問題。

親子旅行的重要性不言而喻，在生活化的地方，看見孩子的變化與成長，是父母最大的安慰。研究已經證實，最棒的學習效果，就是導入生活情境與遊戲化；所以最極致的素養學習、最棒的素養教室，就在於一趟趟溫馨的親子旅行中。

小檔案

顏安秀

20年教師與教育行政人員資歷，育有可愛的雙果姊妹。致力為孩子裝備「閱讀」與「旅行」的雙翼，長出「素養」能量；以粉專「顏安秀．素養旅行」陪伴家長，帶著孩子，攜手同行一段教育美好之路。

7招，爸媽在旅遊中帶孩子培養觀察力

文－兒童文學作家　王文華

教我女兒的老師，總有一事百思不解：「妳爸爸不是作家嗎？」

女兒乖乖的點點頭。

「那，妳的作文怎麼……」後面的意思應該是：怎會如此慘不忍睹？

「妳怎麼回答？」女兒講這件事時，我問她。

小妮子聳聳肩：「你本來就沒教我呀。」

好吧，又怪到我身上了，為了洗刷女兒不會寫作文的恥辱（這到底算是她的恥辱還是我的？畢竟作文沒寫好的是她不是我呀），今年全家出遊前，我特別跟她約法三章，其中最重要的一點就是：「這回去旅行，妳要帶稿紙，為父的我將會把一生的絕學，在短短的三十天內，灌注到妳身上。」

小妮子沒有出現雀躍的表情：「你是說，我這三十天都得寫作文？」

我輕輕摸著鬍渣，用孔明式的微笑說：「沒錯，沒錯。」

「暑假泡湯了？」女兒有點憤憤不平。

「不會呀，妳的作業本來就包括寫作文，我只是把它挪去旅行時寫嘛！別擔心，乖，快把這一刀稿紙放進行李箱。」

旅行寫作文？相信你一定開始皺著眉頭想：「這給孩子多大壓力呀？」

沒錯，但如果往另一個方向想，旅行時，感官特別敏銳：特別的風景、沒瞧過的稀奇玩意兒、炫奇幽怪的景點故事……如果不趁記憶新鮮時把它記錄下來，是不是很可惜？

想像力與觀察力，是我要在這三十天裡教她的事。

第1招：出遊前先神遊

不管島內出遊，還是國外走走，要帶孩子出門旅行，應該要花點時間做準備。我帶孩子去四川順長江東遊之前，先陪她在地球儀上神遊。原來台灣這麼小，中國那麼大，我們的旅程會跨過好幾個省，距離足足有兩千多公里。

成都出過許多文學家，那兒是李白、三蘇的故鄉，杜甫也曾逃難到成都，還結了一個草廬。長江也是一條詩詞大道，崔顥、杜牧、李白和三蘇都走過，留下不少好文章。女兒也愛三國，沿路都是三國典故發生的地方，我們都會走一遍。我找出唐詩三百首，先勾出幾首一定要讀的詩，向她解釋，給她想像。我們還沒走長江，已經跨越古今，與今古長江接軌了。

旅遊書不是爸爸的專利，地圖也要孩子一起看。我們拿起粗粗的筆就在地圖上圈圈寫寫，一生也許只去一次，值得在地圖上揮霍一番。看看旅遊書，寫下最期盼的景點，闊氣的標記在地圖上。還沒出發，憧憬就已經讓等待變成一種幸福。

第2招：設定主題找樂子

每一次旅行，我們都會選定一種主題。有一年是找字，出門在外，每個地方都有很特別的字可以找來玩。陝西寬帶麵那個字唸做「比昂比昂」[註]，寫法還有順口溜可以唸；和珅住的宅邸，地磚都暗藏好些福字；各地的招牌、路標和公車站牌，只要留心，處處都在考驗孩子的觀察力。一家子在半路上看見什麼稀奇古怪的字體，比跑到羅馬競技場還興奮。

今年我們的主題是找獅子。中國的廟宇、古鎮都喜歡擺對石獅子在門口，既威風又醒目。找到獅子學它的模樣照張相，這麼簡單的概念，成了我們千里跋涉時最佳景點，回國後把它們挑出來，每張都有個故事可以說。加洗的照片，是最好的明信片，送給朋友，貼在作業簿，連同學都覺得稀奇。

你們家最近也要出遊嗎？別忘了事先做做準備，找個主題大玩一場吧。

第3招：隨時畫畫寫寫做紀錄

帶孩子出門玩，除了拚命照相，錄一大堆回來沒空看的影片外，如果能讓孩子抽空寫點什麼、畫點什麼，是出遊最好的紀念品。因為有孩子的筆跡，當時的記憶，就不像照片那麼冷冰冰。準備一本空白的筆記本吧，準備幾枝筆（色鉛筆或粗細不一的簽字筆），喝咖啡、吃午餐，只要抓到一點空檔時間，就可以拿來畫畫寫寫。大人是孩子的榜樣，能親子一起做更好。

第4招：從導遊身上挖寶

導遊是你的最佳幫手。如果跟團，或遇到有解說員的地方，我們的家規就是緊跟著導遊，導遊總是走在最前方，有什麼問題可以馬上問。再說，有些導遊很寂寞，因為很多人不愛聽他講解（尤其是大人）。小朋友跟在導遊身邊：一，有危險第一個知道；二，有獎品常常領到；三，有問題，馬上有人回答。

如果沒導遊，父母是最佳的解說員。你一定要事先做功課，不要進了一個景點，到了一個古蹟，因為不了解，最後匆匆走過，那真是太可惜了。

孩子如果發問，先誇他問得好，不要馬上告訴他答案，請他自己觀察四周（觀察力），想想為什麼（想像力），最後再印證答案，就是一個提升觀察力與想像力的方法。

第5招：只要三個不貪多

博物館是家長最常帶孩子去的景點，除了便宜，另一方面是可以快速認識一個地方。它通常會有整個地區的簡介（像是3D影片），也會有這地方的古往今來。博物館有豐富的典藏品，但太多的藏品如果要全看完，常會壓垮孩子的耐性與興趣。怎麼辦呢？

請學湖北省博物館的做法吧。在入口處找到博物館簡介，裡頭一定會有該博物館最優的藏品，請孩子勾選出他最想看的三件寶物；如果還有時間，再另外選三個他想逛的特展。

只要三個不要多。湖北省博物館有曾侯乙編鐘、有鄖縣人頭骨化石、有越王勾踐劍，我女兒最喜歡的卻是它：

我看到一條漢代的牛，它跟攝影機差不多大，咧著一抹詭異的微笑，脖子鼓得挺大，彷彿在練蛤蟆功，好卡哇伊喔！不過頭大身體小，實在很奇怪。

牛還拉著一輛小車，車子很小，只能容納一個人。如果我是當時的農夫，有一隻會練蛤蟆功的牛和車，感覺還不錯。

因為逛的是精品，又是小朋友感興趣的東西，孩子體力尚可，興趣高昂，自然有較多時間去觀察（牛的神情）、想像（當年的農夫怎麼生活）。

如果你貪多，硬要拉著孩子一天逛遍二十萬件藏品，喔，那該是一場怎樣的災難？

第6招：放慢腳步，與感動邂逅

有的旅行實在很趕很累，還是要想辦法創造一點感動來。我記得去樂山大佛那天，因為全家人睡到自然醒，到樂山已經是下午三點多了。

我原先計畫搭五毛錢渡輪去對岸看大佛（多節儉的爸爸）；到了樂山，卻因為江水湍急渡輪停駛，怎麼辦？是花兩百七十塊人民幣買門票看大佛，還是馬上掉頭回成都，什麼都不看？

情感戰勝理智，不可能下回再來樂山，我們就在午後四點鐘進了樂山大佛景區。

景區很受歡迎，大佛頭部有長長的鐵欄杆。如果是早上來，光在這裡排隊走到大佛腳下，至少得花兩個小時；但我們抵達時已是四點，遊客走光了。陰錯陽差，一家人慢慢走，一點也不趕，還有空讓女兒去抱抱佛腳。

大佛繞一圈，回到佛頭，女兒寫道：

我們在佛頂發現一個幽靜而且沒有遊客的地方——那是以前蘇軾讀書的東坡樓，我們找到一個涼亭，在那裡休息、聊天和拍照。微風吹來，竹葉飄動，心曠神怡，等到重新恢復力氣以後，這才重返車站，準備回家。

看完大佛之後，我才知道，人原來是這麼的渺小，而佛是那麼的偉大，想跟大佛比高度的心，完全消失不見了。

那一天，其實在景區只待了兩個半小時，卻成了女兒念念不忘的景點。因為金色陽光太美？還是因為大佛太莊嚴？不，我想只是因為真的不趕行程，反而造就另一種美。旅行中，抽段時間疏離人群，靜靜體會當地人文歷史，收穫更多哦。

第7招：一天只排一種練習

每一天，我都安排一種練習給女兒玩。寫一篇美食記，要她把自己想成美食記者，用舌頭去辨別不同的味道。

給她十塊錢，讓她自己上街買紀念品，寫一篇小物品的文章。

去看了變臉、看了特技表演，當天的重點就是仔細觀察別人的演出，有條有理寫出自己的觀戲心得……

十五篇作文，三十天完成，沒有什麼特殊技法，就只是不斷重複我想讓她練習的能力——觀察力和想像力。

觀察力敏銳了，想像力才能發揮。一篇作文就專注在一項技巧。就像皮薄餡多的包子一樣，一口讓讀者咬到餡，沒有太多花俏的技巧。而這樣的練習，家長很容易做到，和孩子出遊時，即使不寫作，用說的，用討論的，都能時時練習。

我去演講時，很多家長常困惑的問我：「為什麼我們家孩子很愛讀書，作文卻寫不好？」

試試看，帶孩子去旅行，把觀察力與想像力練好，或許回來後，你會看到一點改變。

註

𰻝

唸做「比昂比昂」。
順口溜：一點飛上天，黃河兩道彎，八字大張口，言字往進走，左一扭右一扭，東一長西一長，中間加個馬大王。心字底，月字旁，留個鉤搭挂麻糖，推個車車逛咸陽。

小檔案

王文華

教了三十一年的書，教過很多孩子；寫了三十一年的書，也寫了很多書；覺得人一生能把一件事做好就很了不起，故下定決心專心創作。作品曾獲金鼎獎、九歌兒童文學獎、國語日報牧笛獎等獎項。已出版的童書包括：【可能小學】系列、【奇想三國】系列的《九命喜鵲救曹操》與《少年魚郎助孫權》、【奇想西遊記】系列、《歡迎光臨海愛牛》、《歡迎光臨餓蘑島》、《蹦奇蹦奇，跑得快》等等。歡迎到臉書「王文華的童話公園」走走，聽他說故事！

打造家長安心、學校支持的班級素養小旅行

文－作家、原斗國小老師 林怡辰

在偏鄉教學，要面臨的一大困難就是孩子的學習動機低落、文化刺激不夠。像是孩子已經五年級卻沒有搭過火車，自然很難體會三年級學習火車時刻表的細節；身在彰化縣，卻沒有去過彰化市，社會課卻要學習花蓮縣的地理景觀。對孩子來說，前備生活經驗的薄弱，是阻礙學習開展的主要因素。

因此打從新手教師開始，我就規劃一連串的自助旅行之旅，讓孩子可以跟著課本去旅行，不僅在專案中學習蒐集資料、將計畫真實實現在生活中、團體合作，更可以因為到現場有實際體驗，對學習內容更加深刻，更因為活用課本上的知識，提升學習的層次和動機，成為學習的循環。

如果只是帶孩子出門走馬看花，其實效益不大。因此，從旅行的事先規劃開始，我會將全班分成六組——交通組、行程組、覓食組、通知單、預算組及景點組（視不同地區而有不一樣的分組），讓孩子去探索、找資料，甚至製作簡報向全班報告。

分組報告這個歷程往往會用到一個學期的時間，但當孩子靠自己的力氣搜尋資料，和全班出門一趟，打開了視野之後，學習的胃口就打開了。之後再出發，相關前置工作，孩子往往一、兩週就可以規劃完畢。

抽象知識透過旅行具象體驗

透過分組的學習，睡了四年的孩子終於清醒，投入小組中和同學討論規劃；課本上提到的「打折」本來像是個很遠的名詞，但因為團體乘坐火車購買車票時有八折的優惠，而有了學習的意義，原來課本的內容知識，都是生活中可以幫我們解決問題能力，學習自然有了動機和趣味。

但這樣的校外教學和旅行，擔負的責任重大。也因此，擔任教師第一年，就有資深教師告訴我：「絕對不要帶孩子出門，責任和風險實在太大了。」但船隻待在港口儘管安全，卻不是我們建造船隻的理由。在良好和學校溝通、家長理解的狀況下，做足準備，把風險降到最低，還是可以盡情享受旅行，為教學帶來美麗的風貌。

10招把關班級旅遊的安全

把孩子帶出教室並安全帶回家，我會採取以下的做法：

❶選擇安全封閉的場地：以場地來說，配合課本的旅行，可能是一場和課本有相關的展覽，地點已經在博物館、美術館等室內進行，危險性已經大大降低。其他戶外的場地，像是集集附近的車埕，封閉地貌，車少人少，也很適合班級前往。安全封閉的場地，可以當成第一次的嘗試。

❷降低交通風險：交通過程是一大風險，如果是多個班級，租賃遊覽車一次到位是最好的。如果人少，高鐵、捷運、火車、公車、步行等，都有不同的危險性。因之，若能減低交通的風險，也可能當成剛開始的嘗試。例如，先從附近和課本有關的景點開始，或是，請家長直接接送孩子到地點或大眾運輸點，也能減少不少風險。

❸提高師生比：不同的班級有不一樣的班風。曾經帶過比較大而化之的班級，我會將師生比提高到一比二，也就是一位師長帶兩個孩子，左右各注意一個孩子，安全性也大大提升。

❹事前妥善規劃：出發路線引領者一定事先走過一遍，哪裡會有廁所、可以補水、馬路車流量多少等，都需要以團體行動的速度加以考量。緊急事件發生該如何處理、雨天備案等，也都是需要考量的點。

❺學生參加人數彈性規劃：也曾經聽過其他老師會將旅行活動當成是班級的獎勵活動，先以幾位孩子參加，全班輪流出發，去過這個地點的孩子可以選擇其他地點，這樣不用一次二、三十位一起出發，則大大減少心理壓力，也是個不錯的考量。

❻分組：較需要照料的孩子一定和導師自己一組，會脫隊的、忘記跟上的，都需要特別隨時注意狀況。尤其很多孩子第一次出門，常常看傻眼恍神，太過興奮等，都可能出錯。

❼事前演練行進間隊伍：過馬路、上公車、買票等的隊形，不論是小組隊形、兩人一組、單行隊伍等，都需要事先安排。聽導覽的隊伍、過馬路隊伍拖太長，後面來不及跟上該怎麼應變等，這些都需要事先練習。

❽事先模擬不同場域的細節：很多孩子第一次搭捷運、搭火車，到大城市就茫然了。像是第一次搭捷運，看見許多人行走快速，聲音吵雜，很多孩子就愣住，因此事先進

行模擬，播放捷運搭車影片、火車注意事項，甚至第一次搭手扶梯的孩子都有，都需要老師特別細心的注意並且提醒。

其他還有搭乘公車一上車就要抓好、怎麼刷悠遊卡，孩子許多都是第一次使用、過大馬路、看電影注意事項，切勿之前喝太多飲料頻頻上廁所、電影需要中文發音才來得及跟上字幕等，都是小細節大關鍵。

❾事先發下隨身小冊：隨身小冊除了記錄帶隊老師的聯絡電話，還有各個行程的時間、注意事項等，很多孩子會忘記，而隨身小冊裡面這些細節都有，還可以附上簡單的學習單。小小一本幫助孩子隨身攜帶及筆記重點，之後才能轉化成學習。

❿體力的預備：出門一趟，展覽行走等，常常一整天下來都會破萬步。因此，在校注意孩子體適能情形，常常需進行運動養成習慣。初期孩子一出門就會找椅子，到後來緊緊跟著導覽人員聽講解外，還有體力提問，體力真的是旅行學習最重要的隱藏素養啊！

景點優選：抽象的科目知識

難得出門一次機會，通常都是根據孩子最需要、比較抽象難以理解的課程內容，進行設計有以下方式：

❶**語文**：出門旅行，不管事先電話詢問，現場問路、交流、登記住房等等，其實都是很好的對話機會，像是導覽等，也是很好和他人交流的機會。適時在過程中，詢問問題，給予小任務反思「剛剛印象最深刻的是什麼？請說清楚原因。」就是最好的對話、口述作文練習。回校後再整理照片、文字蓋章、導覽摺頁、學習單等。

❷**數學**：事先的預算規劃、旅遊中記帳、全班的車票打折費用、google 地圖比例尺換算、時間行程規劃等，數學其實在生活中處處都有。

❸**史地類**：台灣各地有不同的地貌和古蹟，搭配課本，從三年級「我的家鄉」附近開始探索，打開縣市的歷史、地名由來，北部紅毛城、大稻埕、大溪，中部台中舊城區、王功鹿港、南部烏山頭水庫、台南孔廟、恆春古城。東部雪隧、太平山等，都可以就近了解歷史和地理、古蹟。出發前的地圖、古蹟圖鑑、博物館資料等相關查詢，也都可以用課本為經、地區為緯，擴散尋找。

❹**自然類**：除了大自然、物產、農莊、果園等，台灣各區都有博物館，像是北部科學教育館、天文館、台中科學博物館、高雄科工館、海生館、東部史前教育館等，導覽專業，設施齊全，網站上還有配合年齡的相關學習單，和國小課程也都有相關，可以按圖索驥。切記不要貪多嚼不爛，一次一兩個單元深入探索，更有收穫。

❺**美術類：**故宮、美術館、畫家故居等，融入當地，真實面對藝術品，感動細節更多。

寫好報告爭取校方支持

安全計畫規劃好，使家長較為放心之後，學校的支持也很重要，可讓老師採用旅行教學的意願大大增加，所以，我會向學校上呈請示單，寫清楚活動名稱、地點、日期時間、參加班級、活動與課程相關簡述、雨天備案、家長同意狀況、師長隨團人數（師生比），讓學校清楚知道活動的內容，我們也能得到更完善的協助。學校同意後就是辦理大家的保險。

不過不同的學校長官和風氣，不能齊一而論，感謝我的歷任長官都深深支持，而我一開始帶著班級孩子跟著課本去旅行，的確有幾位家長抱持反對意見，最後都因為看見孩子的成長而轉為支持。

帶孩子出門學習實施多年，雖然辛苦，卻一直堅持旅行學習的我，最大感觸就是，在進行之前，孩子往往一臉茫然，等著師長餵養，全然不知道為什麼而學。但在出過門一次之後，體會學習是自己的責任，嘗過帶自己出門看世界的喜悅，眼裡的光芒不可同日而語。

而在校外教學中，接觸的人眾多，像是車掌、服務人員、導覽老師、售票員等，都是孩子和人群接觸，將所學和真實世界接軌的契機。

尤其過程中孩子特別驚訝原來課本平面的知識，竟然立體存在在世界上，這些學習的背後，都是為了讓自己和世界接軌、讓自己生活的更好，更增加對知識的好奇和運用的動機，而後不斷造成學習的正向循環。所以讓課本平面的學習變成立體，將抽離陌生的知識變成熟悉且運用。動機、效度、樂趣提升，學習，踏出校園，更見寬廣。

小檔案

林怡辰

二〇〇七年開始寫部落格記錄教學，樂於分享關於作文、閱讀、讀報、圖書館教育、數學、行動學習的心得。著有暢銷書《從讀到寫，林怡辰的閱讀教育》、《小學生年度學習行事曆》。

北部

CHAPTER 1
跟著課本去旅行

台北

自然、社會史地——

陽明山，教你什麼是熱液換質作用

新北

自然——

東北角，是一座海岸地形博物館

新北

社會史地——

淡水，用科技跨越時空了解台灣戰史

桃園

自然、社會史地——

大溪，自然生態到水力發電的大教室

新竹

國語、社會史地、自然——

老湖口，看山牆牌匾增強國語造詣

NORTH 台北 跟著課本去旅行

陽明山

教你什麼是熱液換質作用

陽明山不只花季賞花，
還能親眼看見自然課中熱液換質作用、
走到冷水坑可以找到各式蕨類，
想親臨歷史古蹟就到中山樓、
陽明書屋一探究竟。

文｜林韋萱　企劃協力｜張則凡
攝影｜楊煥世、天下資料

三下自然：水的變化
四上自然：水生家族
五上社會：台灣的自然環境
六上自然：岩石與礦物
八上自然：熱對物質的影響
九上自然：岩石與礦物

（年級或單元名稱因教科書版本而異）

路線圖

01 小油坑

02 冷水坑 夢幻湖

03 中山樓

04 陽明書屋

「去哪裡不重要，講什麼才重要！」全台灣最懂陽明山的專家之一——前陽明書屋的主任呂理昌這樣說。例如，臉書打卡聖地「花鐘」後方，其實暗藏玄機。

繞過比「YA」的遊客，鑽進紅豔點點的櫻花林，後方有條古道藏著隱密的「大坑文化」聚落遺跡——幾座閩南式三合院，這裡還有炭窯、茶園等先民活動的遺跡。

而上到陽明山就一定要提到「北降現象」，台北市中山區長春國小教師兼主任楊世昌解釋，在北半球的某些地方，受到地形或氣候影響，本來分布在中高海拔的植物會往低海拔遷移。

受到東北季風帶來的低溫影響，本來要爬到兩、三千公尺高山上才看得到的「包籜（ㄊㄨㄛˋ）矢竹」、「台灣龍膽」等，因為「北降現象」，可以輕易的在陽明山不到一千公尺的區域看到。

父母帶著孩子在玩樂的同時，還能複習國小中高年級學到的地形、氣候、生態課程。例如，小油坑岩石的「熱液換質作用」，甚至可以結合國中的化學：$S+O^2 \rightarrow SO^2$

$SO^2+H^2O \rightarrow H^2SO^3$

另外，陽明山之行也有結合歷史、生態的活動，不妨事前準備些小故事穿插在旅程裡，協助孩子融合課本知識與生活，找回旅行的意義與學習的樂趣喔！北

01

小油坑

DATA

台北市北投區竹子湖路69號
（02）2861-7024

洞口的震撼交響曲

台北四處環繞的火山如同一個大鍋爐，地底的岩漿是火，加熱著上方的含水層，頂部的岩石如有裂縫的鍋蓋。當地下水分多的時候，冒出來的是溫泉；水分少的時候只會噴出蒸氣，蒸氣遇冷空氣就變成肉眼可見、看似白煙的水珠。

若遇到多雨期，來到小油坑，溫泉（這裡有迷你版的滾燙小溫泉）、噴氣兩種狀況都可見到。噴氣口的岩石受到高溫的蒸氣與硫磺影響，而產生不同的化學變化，稱為「熱液換質作用」。

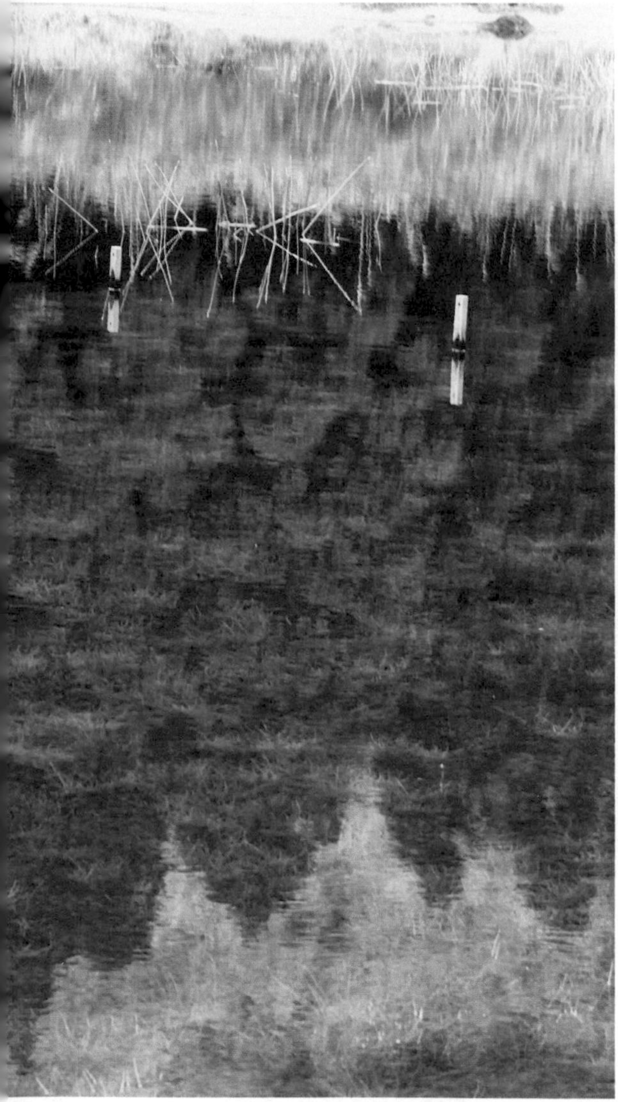

02

冷水坑與夢幻湖

DATA

台北市士林區菁山路101巷170號
（02）2861-0036

大自然的畫作

冷水坑是蕨類寶庫。全台灣有六百多種蕨類，但光冷水坑一帶就有四、五十種。這裡還有極稀有的雙扇蕨，主要分布在台灣北部。

從冷水坑散步約半小時即可抵達夢幻湖。夢幻湖因雲霧繚繞而得名，這裡還有個最嬌貴的住民——台灣水韭，在雨量多的「豐水期」會沉入水中，水面上的為水毛花。纖細翠綠又帶點透明感的台灣水韭，只有在夢幻湖才看得到，這也使夢幻湖成了全台灣最小的生態保護區。

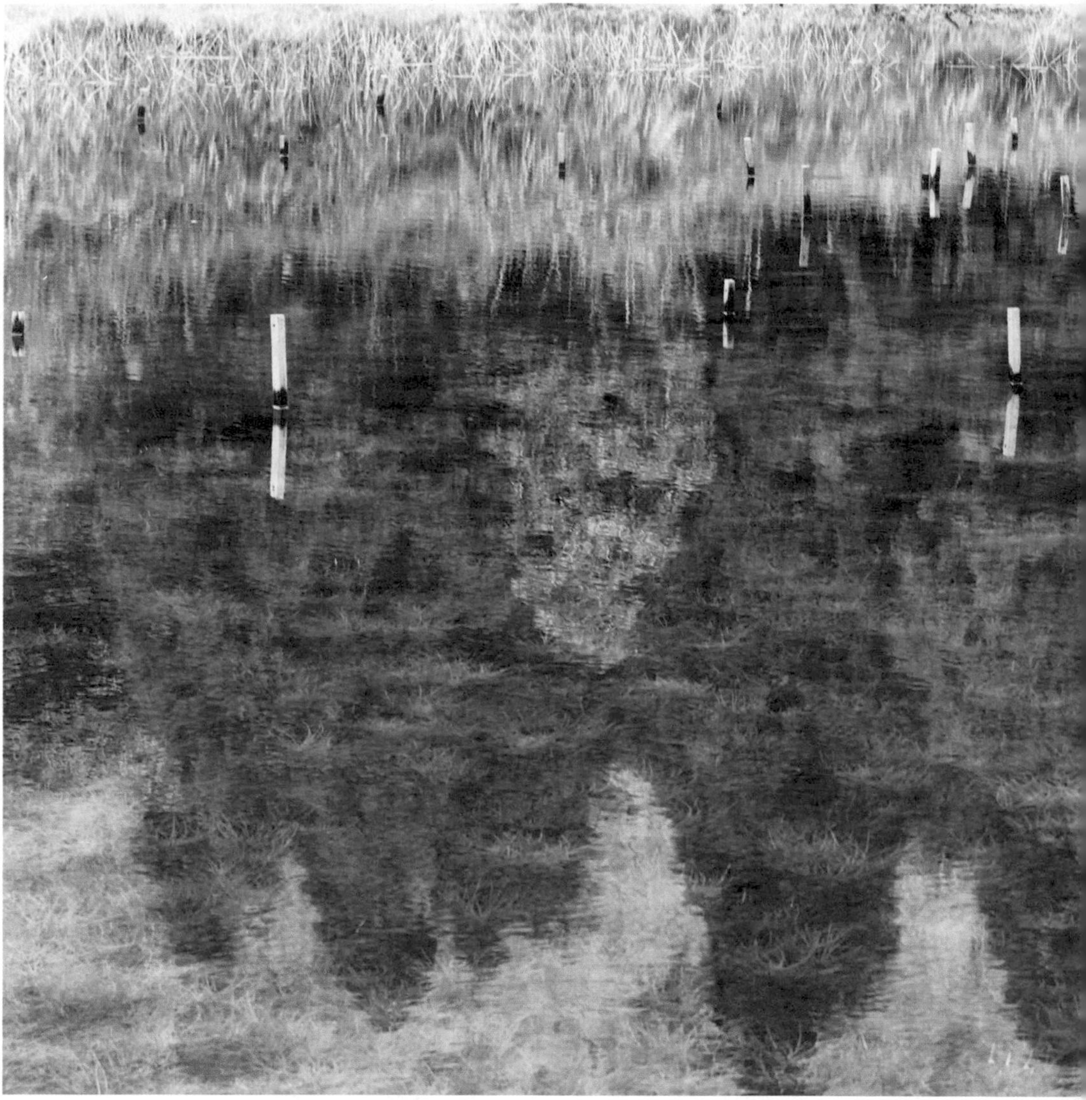

03

中山樓

DATA

台北市北投區陽明路二段15號
（02）2861-6391

硫磺口上蓋房子

中山樓的所有建材都須經過防腐蝕處理，而且因為怕腐蝕，所以早期沒有用上任何鐵釘。但中山樓於1966年完工至今，硫磺的威脅還持續。
在文化堂，瀰漫著濃濃硫磺味，主席台下方就是硫磺口，把地毯翻開，全是硫磺結晶 ❶。地板呈現一個先往下傾斜、再往上傾斜的V字型 ❷。如此一來，台上的人就可清楚看見每個來賓。後排的來賓，因為椅子前傾的關係，必須正襟危坐。

❶

❷

04

陽明書屋

DATA

台北市北投區中興路12號
(02) 2861-9816

先在服務站買門票
才能進入書屋，
並須跟隨解說人員行動，
館內禁止攝影。

蔣介石的最後行館

前總統蔣介石生前最後的行館，就是中興賓館，現改名為陽明書屋。從書屋的格局可以發現：蔣介石和宋美齡作息、個性都南轅北轍。宋美齡衛浴門前的連身鏡，差點引起家庭革命。深信風水的蔣介石，認為鏡子不能對著門口，於是命令工人挪走，宋美齡看了不舒服，又叫工人搬回來。就這樣搬來搬去好幾次，後來宋美齡下最後通牒：「你再搬的話，我就不來住了。」才停息這場風波。

⬆ 陽明書屋周圍有很多藏機關槍的「暗哨」，來此不妨來找找看暗哨在哪。

離島火山相關景點

澎湖柱狀玄武岩是火山活動形成的；蘭嶼、綠島也都是因為火山爆發而產生的島嶼。

高雄燕巢烏山頂泥火山

泥火山不屬於火山，因為在地底下的不是岩漿，而是因為天然氣或其他氣體的能量將泥漿噴發出來，所形成特殊的景觀。

竹子湖

春天也是到竹子湖賞海芋的季節。竹子湖的餐廳業興盛，每年花季登場時更是覓食好去處。

延伸資源

網站「陽明山國家公園」

www.ymsnp.gov.tw

電影《2012》

羅蘭．艾默瑞奇執導／哥倫比亞影業發行：美國科幻災難片，描述黃石公園的地熱異常現象。

影片《台灣大地奧秘——火山的故事》

大愛電視：熾熱的岩漿擁有驚人力量。這股來自地底的巨大熱能，串聯成太平洋上一條超過數千公里長的火環，而台灣正位於「火環」的一部分。

影片《台灣藍鵲的故事》

陽明山國家公園出版：台灣藍鵲是台灣 15 種特有鳥類之一種，也是台北近郊常見的鳥類之一。

影片《大地與人的對話——冷水坑賞蕨》

大愛電視：台灣四季溫暖有雨，造就出多樣的生態環境，也成了孕育蕨類的天堂；台灣蕨類有 600 多種，其中陽明山的冷水坑一帶就有近 50 種。

學習提問單

Q 你知道夢幻湖有幾種顏色嗎？

Q 中山樓的地毯下藏著什麼東西？

Q 為什麼蔣介石夫婦，會為了一面鏡子吵架？

旅遊小資訊

不吃不可

冠宸食館

到陽明山大家喜歡來一盤土雞，這家土雞香嫩好吃，平時客人也非常多，想品嚐美味需要提早出發前往。

DATA：台北市北投區竹子湖路 67 號
（02）2862-6408

草山行館

草山行館是藝文空間複合式餐廳。菜色中像是雞湯、獅子頭，都是蔣介石喜愛的家鄉菜。下午茶則把宋美齡喜歡的巧克力與蘋果納為材料。

DATA：台北市北投區湖底路 89 號
（02）2862-2404

冷知識

位於中山樓電梯口的「請勿吸菸」貼紙，為什麼是黑色的？

起初，這個貼紙和所有的禁菸貼紙一樣是紅色的。但在中山樓沒多久，就被這裡的硫磺氣給燻黑了。有些人送來的畫作、藝術品，因為沒有經過防腐蝕處理，如今也燻黑了。

延伸景點

北投水都溫泉會館

很多人聞到硫磺味就懷念地熱谷的溫泉煮蛋，如今的地熱谷已禁止煮蛋，但鄰近的北投水都溫泉會館可以付費體驗煮溫泉蛋喔！

DATA：台北市北投區光明路 283 號
（02）2897-9060

NORTH
新北
跟著課本去旅行

東北角
是一座
海岸地形博物館

在課本上讀過許多岩石的名稱，
但看到時還是都稱「石頭」嗎？
岩石形成的過程各異，
走一趟地質多樣的東北角，靜心觀察，
會發現岩石原來長得那麼不一樣。

文｜許家齊　攝影｜楊煥世

六上自然：地表的變化
九上自然：岩石與礦物／岩層裡的祕密

（年級或單元名稱因教科書版本而異）

路線圖

01 鼻頭角步道

02 南雅奇岩

03 龍洞灣岬步道

03 福隆海水浴場

04 福隆遊客中心

抵達具有獨特地景的南雅奇岩，因為地球內部力量造成岩石垂直的裂縫（節理），伴隨風、雨等反覆侵蝕形成的柱狀「冰淇淋岩」，看著就覺得有趣。

南雅奇岩往東走大約五分鐘車程，抵達鼻頭角步道。漫步鼻頭角步道與海灣另一頭的龍洞灣岬步道，除了能一覽海崖、海蝕平台、海蝕洞等多樣景觀，雙邊岩石也是絕佳對照。

一趟旅程還能「同場加映」到福隆海水浴場觀察沙。旅人可以準備一把放大鏡，捧一把沙，

01

鼻頭角步道 龍洞灣岬步道

DATA

鼻頭角步道：入口約位於台2線84k處
龍洞灣岬步道：入口約位於台2線88k處
（02）2499-1115
（東北角暨宜蘭海岸國家風景區管理處）

↑ 眺望龍洞岬岩壁，可觀察其節理與裂縫方向，想像岩石如何被擠壓、風浪會如何切割。

↑ 鼻頭角的岩層有泥質多的砂岩，顏色深；岩層年代較新，膠結較不緊密，質地鬆軟。

細細觀察結晶。

更可以利用附近福隆遊客中心裡設計的沙質管，比較福隆海水浴場的沙，與高雄旗津海灘、台東金樽海岸沙灘等地方的沙子顏色、質地有什麼不同，體會「一沙一世界」的奧妙。

過去是高中地球科學老師的鞏慧敏，現在也為國小學生做導覽。她說：「學會觀察比記名字重要。」帶著孩子觀察岩石，說出自己的發現，打開感官，聽浪聲、鳥聲，讓孩子自己多說一些、多看一點，學習自然深刻又有趣。北

打開感官，觀察一老一少岩層

走鼻頭角步道與龍洞灣岬步道經過觀景平台時，不妨歇息聽浪聲，觀察眼前多樣地貌。龍洞的岩層主要為石英，顏色偏白，也因岩層年代古老，經重新結晶膠結後質地堅硬；鼻頭角的岩壁顏色深、質地看起來較為鬆軟。來場「大家來找碴」，兩邊的岩石以及南雅奇岩的岩石，有哪些不一樣？右圖為鼻頭角步道，從觀景平台望出去能看到海蝕平台、海階、海蝕崖等多樣地形。

不想開車，搭乘黃金福隆線的856公車也能到東北角，可以從瑞芳，途經鼻頭角、龍洞、福隆，一路玩到馬崗。

02

南雅奇岩

DATA

台2線81k指標前

宛如置身電影特效場景

南雅奇岩的奇石景致，像是來到電影特效場景，雕刻般的岩面紋路也是看點。岩層以石英為主、顏色偏白，岩層年代不像龍洞般古老而產生變質，故沒有那麼堅硬。

大自然畫出岩石漂亮紋理。岩面那寬窄不同的堆疊紋理，是因砂子沉積形成岩石的過程受水流速度影響，水流慢、砂子沉積留下，水流快、砂子被侵蝕帶走，如此反覆下形成。東北角暨宜蘭海岸國家風景區導覽員鞏慧敏建議先讓孩子觀察、畫岩石的紋路，再說說看紋路如何形成。

03

福隆海水浴場

DATA

新北市貢寮區福隆街40號
（02）2499-1188轉7357

沙雕藝術家在此大展身手

每年夏天，福隆國際沙雕藝術季都吸引許多遊客造訪。福隆海水浴場細緻柔軟的沙粒，和水後具有良好可塑性，讓藝術家能做出精采的沙雕創作。造訪福隆海水浴場的沙灘時，沙子的顏色、結晶都能拿著放大鏡細細觀察。

04

福隆遊客中心

DATA

新北市貢寮區興隆街38號
（02）2499-1210

地科知識充電站

東北角有太多景觀能欣賞，福隆遊客中心詳盡介紹東北角各地的特色與地科知識，也設有許多有趣的互動裝置，如能看影片體驗特色自行車道的腳踏車裝置，另能透過「沙質管」比較福隆、高雄旗津、台東金樽海岸等地的沙子特色。

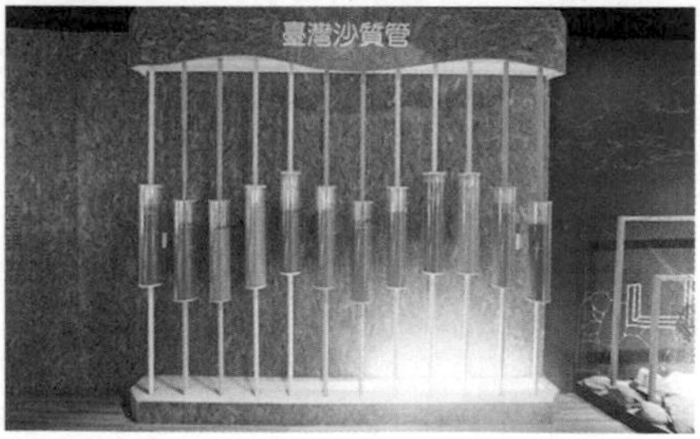

旅遊小資訊

不吃不可

石花菜

東北角的特色食材，為一種藻類，春夏產季時，海女會潛水採石花菜。鼻頭國小校長陳玉芳介紹，石花菜剛採出來時是柿紅色，反覆洗晒後會變金黃色，加水熬煮後能凝結成石花凍，每年學校會帶學生一起製作。

冷知識

鼻頭角步道有「鳳梨」長在樹上面？

走在鼻頭角與龍洞灣岬步道，常會看到兩側樹林結了像鳳梨一樣的果實。咦，鳳梨怎麼會長在海邊？又怎麼會長在樹上？原來，這不是鳳梨，而是別稱「海菠蘿」的「林投」結的果實。林投有耐鹽、耐風的特性，是常見的海岸防風定砂植物。林投的葉子上面有刺針，小心別被刺到了！

延伸景點

黃金博物館

如果光看岩石與沙還不過癮，可以前往金瓜石黃金博物館看礦物。展館詳細解說各種常見礦物，也介紹礦物與日常生活的連結。你知道製作一支智慧型手機要用到多少礦物嗎？不妨到館內找一找答案。

DATA：新北市瑞芳區金瓜石金光路 8 號
（02）2496-2800

學習提問單

Q 南雅奇岩的岩石有不同的紋路。請觀察這些紋路怎麼排列？有哪些不同的顏色？

Q 比比看，鼻頭角步道與龍洞灣岬步道兩邊的岩石，從顏色、質地、形狀，有什麼不同？

Q 聽浪聲、望著龍洞岬的海蝕洞，想像看看，大自然怎麼造就這海蝕洞？

NORTH
新北
跟著課本去旅行

淡水
用科技跨越時空 了解台灣戰史

歷史上有名的清法戰爭，
唯一一次勝利發生在舊名滬尾的淡水，
如今在滬尾礮臺等古蹟，
透過科技和多媒體，
可以穿越時空虛擬真實的體驗，
讓小孩在遊戲、體驗中，理解滬尾之役。

文｜蘇岱崙　攝影｜楊煥世、天下資料

五上社會：大航海時代的台灣
五下社會：清末現代化的建設
七上社會：大航海時代／各方勢力的競逐／
清帝國時期的政治經濟

（年級或單元名稱因教科書版本而異）

路線圖

01 滬尾礮臺

02 紅毛城

四百多年來，淡水河口見證了外人入侵、貿易榮景與戰爭慘烈，是整個台灣命運的縮影。這些課本中的歷史文字，如今透過科技和多媒體，在淡水古蹟裡，有了穿越時空虛擬真實的體驗。

一八八四年，法國為了爭奪越南宗主權向清廷開戰，戰火延燒到滬尾（淡水舊名），當時面對西方強國入侵叩關，清廷連戰皆輸，滬尾之役在孫開華領軍下，讓法軍戰敗撤退，是唯一一次勝利的戰役。滬尾之役後，清廷終於意識到台灣在戰略地位上的重要，由台灣首任巡撫劉銘傳建置了滬尾礮臺，向西方購入多尊大砲，題名「北門鎖鑰」。

礮臺兵房現布置為不同主題的展示空間，除了以影片介紹清法戰爭始末，還能以體感搶答清法戰爭小知識、搖桿遊戲對敵軍發射大砲。

鄰近海關碼頭的紅毛城，更見證四百年前大航海時代西班牙人、荷蘭人抵台歷史。

01

滬尾礮臺

DATA

新北市淡水區中正路一段6巷34-1號
（02）2629-5390

古巨砲 1：1 復刻再現

礮臺於1886年完成，採用北投唭哩岸石打造，可耐高溫。原本士兵居住的空間規劃為展區，除了有影音介紹清法戰爭，還可以玩互動體感遊戲。

砲盤區有1：1復刻阿姆斯脫朗8吋模型砲，一旁壁體置放砲彈的空間。另外，在西北主砲座有AR擴增實境體驗，平日4個時段、假日5個時段可體驗，每次10分鐘，模擬阿姆斯脫朗後膛砲出現在真實場景裡。

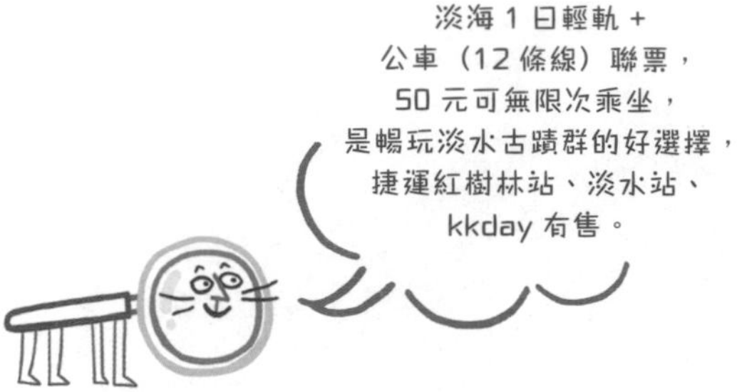
淡海1日輕軌+
公車（12條線）聯票，
50元可無限次乘坐，
是暢玩淡水古蹟群的好選擇，
捷運紅樹林站、淡水站、
kkday有售。

02 紅毛城

DATA

新北市淡水區中正路28巷1號
(02) 2623-1001

多次易主，見證台灣歷史

17世紀西班牙人在淡水建立聖多明尼哥城，荷蘭人趕走西班牙人後，在原城區附近建安東尼堡，稱紅毛城。原是軍事用途，四百年來主結構體仍完好。滬尾之役發生時，紅毛城已被英國作為領事館用地，遠眺隱約能見到當時古戰場，是回顧滬尾之役的另一個視角。

旅遊小資訊

不吃不可

淡水文化阿給

「阿給」據說是由日文「阿不拉給」而來，指的是油豆腐包東西炸起來吃的食物。阿給將粉絲包入油豆腐，佐以甜辣醬汁，建議先將阿給用筷子戳破，讓粉絲、豆皮吸收湯汁後再食用。該店位於周杰倫母校淡江高中附近，「周杰倫套餐」包括阿給、魚丸湯、肉包共 85 元。

DATA：新北市淡水區真理街 6-4 號
（02）2621-3004

延伸景點

打狗英國領事館、官邸：

1858 年英法聯軍後，清廷陸續開放台灣幾個港口與海外通商，當時紅毛城被英國永久租用作為領事館，英國人還另外興建磚造領事官邸；約同時期，英國也在高雄（打狗）興築領事館及官邸，官邸為磚造拱門設計，還有細緻的磚雕，一北一南建築不妨比較看看。

DATA：高雄市鼓山區蓮海路 20 號
（07）525-0100（山上官邸）
（07）531-4170（山下辦公室）

延伸資訊

《戰祭 1884》：滬尾之役戶外劇

https://youtu.be/-RWHskgEDTo

《淡水風雲 決勝西仔反》：清法戰事動畫

https://youtu.be/v5vktvpIBu8

學習提問單

- 登上滬尾礮臺以前放置大砲的砲盤區，觀察一下四周環境，你認為滬尾礮臺為何建在這個地理位置？
- 在滬尾礮臺，體驗砲彈射擊遊戲時，砲彈被發射後的路徑特性為何？為什麼會如此？要能成功砲擊目標，有什麼訣竅？
- 淡水古蹟博物館在紅毛城建物前方放置了數面旗子，數一數，共有幾面旗？各代表什麼？

NORTH
桃園
跟著課本去旅行

大溪
自然生態到水力發電的大教室

這裡有石門水庫，
一年四季擁有不同面貌的自然生態
更有百年歷史的大溪老街，
前往慈湖，來見證了台灣近代史，
遊一趟桃園之旅，
你將會有截然不同的感受。

文｜王韻齡　攝影｜黃建賓

四上自然：認識能源
四上社會：家鄉的名勝古蹟／家鄉巡禮
五上社會：台灣的自然環境
五下社會：清末現代化的建設
七上社會：台灣的水文

（年級或單元名稱因教科書版本而異）

03
兩蔣
文化園區

02
大溪
老街

01
石門
水庫

路線圖

來到桃園大溪，彷佛走進中國近代歷史縮影，從清末因港口通商而繁華的大溪老街，到戒嚴時期威權象徵的兩蔣文化園區，如今都已經呈現出不同的風貌。

大溪老鎮百年前曾是繁華的貿易重鎮，當時還是全國最大的樟腦出口區，後來因為大漢溪泥沙淤積難以行船，才逐漸沒落。老街上一座座雕飾繁複的巴洛克式建築牌樓，仍可看出昔年風華。老街上現存最多的是木器行與豆干店，為了拉近與訪客的距離，提供各式自己動手做的課程，

01

石門水庫

DATA

桃園市大溪區復興里環湖路一段68號
(03) 471-2000

四季風景如畫

蓄水量居全台第三的石門水庫，興建目的是為了解決大漢溪上游陡峻、無法蓄積水源，導致下游居民常遭缺水之苦。1964年啟用的石門水庫，負責供應北台灣居民的民生與工業用水，同時它也是一個自然生態大教室，各種花木依季節盛開，吸引了白頭翁、綠繡眼、五色鳥、八色鳥與台灣藍鵲紛紛駐足，環湖公路上不時還會出現食蛇龜、野生猴群的蹤影。親子共遊可以漫步健行、租借腳踏車環湖而行，也可選擇搭乘遊艇，湖光山色盡收眼底。

教小朋友做豆腐乳、原木風車和迷你彈珠台。

桃園國際機場，則是國之大門，出國旅遊、洽公都少不了它，喜歡看飛機的朋友也可以到附近，享受飛機從頭頂經過的震撼感。

石門水庫位於大溪、龍潭交界，一年四季有不同景致與動植物出現，春天賞櫻花、杜鵑花，夏天有螢火蟲與阿勃勒，秋季賞楓紅，深冬看白梅。每到夏季大風雨來臨前夕，水庫要做調節性洩洪，消息一出總吸引許多人專程來此，欣賞數萬噸的水瞬間奔流而下，非常壯觀。北

02

大溪老街：黃日香本店

DATA

桃園市大溪鎮和平路56號
（03）388-2055

發現百年好味道

大溪和平老街以巴洛克式建築聞名，現今還能看到百年前留下的商號與當時流行的雕飾；小朋友想知道什麼是四合院，這裡也有現成教材。

來到大溪，就是要來買買最有名的大溪豆干，大溪豆干到底為什好吃呢？據說祕密就在水質。

老街上的黃日香本店老闆說，大溪依山傍水，又沒有工業汙染，水質特別好，店裡就有一口百年古井，每天汲引大漢溪水，經過濾後，把黃豆浸泡、研磨、打漿、成形，最後在門市後方的廚房浸煮調味與上色，一塊塊經典的黑豆干就完成了。

大溪老街：協盛木器行

DATA

桃園市大溪區和平路91號
（03）388-2567

剩餘木料變出新玩意

老街上的木器行也開始轉型，早年賣的是大型的神桌、茶几，如今利用做家具剩餘的木料，做成小型電腦桌、鍵盤、風車、迷你彈珠台等，並且提供親子DIY共同完成一件小物的樂趣。

其中，街角體驗館所在的四落式傳統建築，本身就是一百三十多年歷史的古宅，一落一天井，還保留著當時的門片與掛畫；搭配黑色屋瓦則屬於半閩式半客家式老房子，正好對照出桃園地區居民的屬性。斜對門的協盛木器行，提供稀有的台灣肖楠木，讓親子一起刻磨出筷子和湯匙、叉子，還能聞到一股淡淡的楠木香。

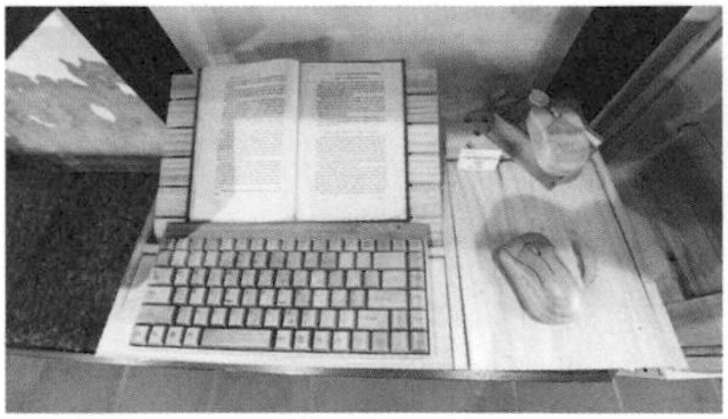

03 兩蔣文化園區

DATA

桃園市大溪區復興路一段1097號
(03) 388-4437

戒嚴時期威權象徵

文化園區的陵寢外的紀念雕塑公園集合了全國各地一百多座蔣公銅像，或站或坐，偉人不再遙不可及，也見證了台灣民主的新時代。

旅遊小資訊

不吃不可

溪友緣

提供在地小吃，如油燜筍、臭豆腐、炒時蔬等。

DATA：桃園市大溪區仁愛路 9 號
（03）387-7769

姚茶館

提供地方風味餐如招牌土雞、石門鰱魚、豆腐料理等季節性餐點。

DATA：桃園市大溪區仁和平路 91 號
（03）388-2567（週一公休）

石門活魚

位於溪洲大道上的整排餐廳，獲得水庫管理局授權可進水庫捕魚，因此是正港的石門活魚。

學習提問單

Q 你知道哪裡有數百座銅像排排站？

Q 大溪豆干好吃的祕密在哪裡？

延伸景點

拜訪教堂

問起大溪區最美麗的教堂在哪裡，不論大人小孩，都會直指位於普濟路、仁愛路口的基督教長老教會。

這座由紅磚砌成尖塔式外觀，配上彩繪玻璃的教堂，因為已故前總統李登輝經常來做禮拜而聲名大噪。它是一座標準的哥德式建築，大量運用拱門式結構，外側則有扶壁以支撐重量，使門窗的開口得以加大。教堂內高聳空靈，由外射進來的天光，據說更能讓信徒感受到上帝的存在。

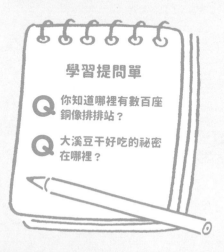

NORTH
新竹
跟著課本去旅行

老湖口

看山牆牌匾
增強國語造詣

客家人在新竹縣比例高達七成，
這一次要帶你去新埔、湖口、關西，
大啖名產之餘，
還能深度了解「哈客」文化！

文｜林玉珮　攝影｜鄒保祥、林玉珮

二上國語：小鎮的柿餅節
四上社會：氣候與生活
四下自然：昆蟲家族
五上社會：台灣傳統社會與文化的形成
五下自然：食品保存

（年級或單元名稱因教科書版本而異）

路線圖

01 湖口老街

02 旱坑里柿餅專業區

03 關西四寮溪

04 宗祠博物館

01 湖口老街

DATA

新竹縣湖口鄉湖口老街
中正路三段出入口

哪一個縣市最有「風味」？答案是新竹。入秋以後，寒冷的東北季風會對著新竹直吹而來，所以民間有「新竹風，基隆雨」、「竹風蘭雨」的說法；這種九月吹起的風，就是新竹地區特有的「九降風」。

新竹人就用這強勁又乾冷的九降風吹出了米粉、柿餅、仙草、烏魚子等地方特產的獨特風味。

新竹的「風味」睥睨全台「客家味」也首屈一指

客家人在新竹縣比例高達七成一，而且比例隨著沿海往丘陵地帶上升，到了新埔、關西、橫山、芎林、北埔、峨眉，遇見客家人的機率八九不離十。

想了解客家人這個幾度大規模遷徙的族群嗎？帶著孩子到新竹，從宅第、宗祠、義民廟，粄條、粢粑（ㄗㄅㄚ）、豬籠粄，仙草、擂茶、膨風茶，到鹹菜、桔醬、客家菜，邊走邊看、又吃又喝，五感全開、體驗在地的哈客（Hakka）精神！北

湖口老街
仍是一條以住家為主
的生活味老街，
因此造訪時
請勿過度喧鬧
而干擾到住家。

❶ 從山牆牌匾找屋主姓氏

「看圖說故事」是走訪湖口老街容易又好玩的親子遊戲。從山牆牌匾的刻字很快就知道屋主的姓氏或店號，但要讀出雕畫裡隱藏的心意，就要用上國語造詣，比如旗、球、戟、磬圖案代表「祈求吉慶」，葫蘆象徵「福祿」，「花瓶」意味平安，「蝴蝶」、「蝙蝠」是希望賜福……。

❷ 一家一館尋寶趣

「嘟嘟！慶鏘慶鏘……」火車在1893年開進大湖口，36年後又改道遠離大湖口。其間那段轉眼雲煙的繁華盛世，全刻劃在拱拱相連的紅磚店鋪樓房，以及記憶在從絢爛歸於平淡的街上世代人家。一戶人家就像是一間街角博物館，從建築到生活，收納著不同時空的故事。

繼續走下去，源春堂、小駐百貨、國揚琉璃藝術坊、豆之味豆腐坊……加入由熱心居民組成的「大窩口促進會」推動的「一家一館」的二十一戶人家，等著大家來掏寶、聽故事！

02

旱坑里柿餅專業區

DATA

新竹縣新埔鎮旱坑里
金漢柿餅教育園區（03）589-2680
味衛佳柿餅觀光農場（03）589-2352

陽光與風的交會

金風起，柿香飄。新埔小鎮每年到了這金秋盛柿，熱鬧得不得了。旱坑地區地如其名，雨少土壤又不吸水，環境乾燥，又有乾冷的九降風襲，加上客家人的吃苦耐勞，成就新埔一百六十多年來的好柿多。

柿餅製工繁複費時，從選果去蒂→洗淨→瀝乾→削皮→風吹日曬→催熟→風吹日曬→捻壓→催熟→殺菌→風吹日曬→捻壓→風吹日曬→捻壓→整形→殺菌，才能包裝。

如此看天吃飯又「厚工」的柿餅製程，在許多地方早已被機器取代，但旱坑客家柿農仍堅持能耐，世代相傳做下去，留住陽光下亮澄澄的一片柿海，成為台灣秋天最美的滋味與畫面。

幫孩子準備相機，
金秋時分的旱坑
成了小小攝影師的
絕佳教室。

03

關西四寮溪

DATA

新竹縣關西鎮東山里仁和道路崇德橋（竹28線1.5公里處）／預約導覽解說，請洽東山社區發展協會總幹事詹碧玉 0932-116-912

走進夏綠蒂的世界

從關西東北角流過東山里這個客家庄，流出居民抓蝦撈魚戲水的快樂童年。直到十多年前進行社區營造，居民決定為這遺世多年、孕育豐美生態的溪流，以在地之名起名叫「四寮溪」。

四寮溪不只是蜻蜓、豆娘等蜻蛉目昆蟲的樂園，還是不可思議的「夏綠蒂的世界」。全台四百多種蜘蛛，四寮溪畔就有一百多種。從崇德橋走到那棵兩百多歲的老茄冬樹，這一段區區四百六十公尺的「四寮溪溪流生態戶外教室」，會讓大小朋友眼界大開。

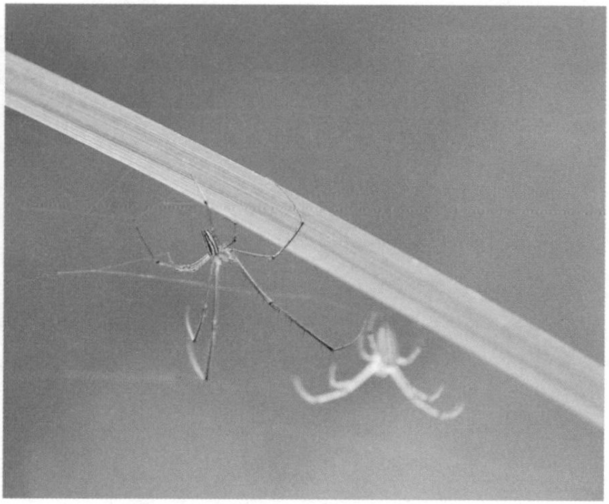

想了解更多可先至金廣成文化館參觀其展覽，
館內提供「四寮溪溪流生態導覽地圖」。
出發前可先準備相機、放大鏡及工具書
如昆蟲圖鑑、蜘蛛圖鑑，
可以進一步認識這些節肢動物。

延伸景點

褒忠亭義民廟

1790 年落成後，一直是北台灣客家人的信仰中心。義民廟的興建，是為憑弔祭拜因保衛家園組成的義民軍，在協助清廷對抗林爽文事件、戴春潮事件而犧牲者，又因乾隆皇帝頒聖旨「褒忠」，又稱褒忠亭。每年舉辦中元祭典，由桃竹地區十五聯庄信徒輪祭，已成為台灣三大廟會之一。

DATA：新竹縣新埔鎮義民路三段 360 號
（03）588-2238

各地的家廟宗祠

客家聚落的家廟宗祠，有客家建築特色，也是了解客家先民來台奮鬥歷程的最佳見證。除了新埔，北埔的姜氏家廟、竹東的上下隴西堂、竹北的六張犁聚落、關西的鄭氏家祠也值得前往。而桃園大溪的李騰芳古宅是一座外埕有旗杆座的舉人宅第，位於屏東佳冬的蕭家古宅則是客家防禦式建築群的經典。

關西仙草博物館

關西的仙草產量占全台八成，約在中秋前後採收，再經九降風吹乾，成為廣受歡迎的養生特產。

DATA：新竹縣關西鎮中豐路二段 326 號
（03）587-0058（如需導覽與 DIY 請先預約）

學習提問單

Q 你知道為什麼新竹被稱為「風城」？

Q 在地人利用風和陽光，做出了什麼樣的特色名產？

04 宗祠博物館

DATA
新竹縣新埔鎮中正路510號
（03）589-2880

走讀客家立體故事書

新埔鎮中心，即中正路與隔壁的和平街、成功街家廟宗祠古蹟建築密度全台第一，活像一座客家宗祠博物館。原來新埔曾是富甲雲集，而這些大戶人家宅第，以及象徵源遠流長、團結禦外的家廟宗祠，就如一部部街頭的立體書，訴說著不同氏族落地生根、奮鬥發達的故事。

和平街上的劉家祠，是了解客家精神與文化的活教材，素以「功名多、燕尾多、匾額多」三多聞名。

陳氏宗祠建於1871年，格局極具客家建築特色，有著絕無僅有的「門神」，不，請仔細看，這兩位可是沒有法力的王爺，要給各位獻八寶、送財富。

旅遊小資訊

不吃不可

日勝蔬食（素食）

DATA：新竹縣新埔鎮中正路 329 號
（03）588-2106

新埔粄條大王

DATA：新竹縣新埔鎮楊新路一段 20 號
（03）589-1422

義順冰店

DATA：新竹縣新埔鎮成功街 99 號
（03）588-2143

腳踏車芋泥

DATA：新竹縣湖口鄉湖口老街 207 號
（03）569-6856（建議出發前可以先上店家粉絲團或打電話詢問，確認當日營業情形）

台富行芋香餅

DATA：新竹縣湖口鄉湖口老街 225 號
（03）599-8097（國定假日營業）

豆之味豆腐坊

DATA：新竹縣湖口鄉湖口老街 226 號
（03）569-5605

冷知識

你有吃鹽嗎？

聽到客家鄉親這麼問，可別傻傻的回答有或沒有，因為這句話問的是「你怎麼使不出氣力？」由此可知吃鹽對客家人不只是調味，更是為了補充移民屯墾大量勞動流失的鹽分，這也因而形成客家飲食料理的重鹹風味。

水中也有螢火蟲？

「水中螢火蟲」指的是苦花（台灣鏟頜魚），因其在石頭上啃食矽藻時，身體會側身翻轉，陽光照射在魚鱗上，經反射後呈銀光點點，所以又有「水中螢火蟲」之稱。

中部

CHAPTER 2

跟著課本去旅行

台中

社會史地——

舊城區，用建築美學培養美感教育

台中

數學——

中央公園，想學幾何數學來這裡

彰化

國語、社會史地、自然——

彰化車站，親眼見證台鐵活古蹟

CENTER 台中 跟著課本去旅行

舊城區

用建築美學 培養美感教育

為什麼繁華的台中有「小京都」之稱？
它的棋盤式街道為何傾斜四十五度角？
台中清水國小，是全台第一個古蹟國小，
漂亮的校舍，學生在裡面讀書都幸福，
不遠處有個「牛罵頭遺址」，
竟藏著三千年前的用品與棺墓？
你將穿越時空，來一趟知性的文化之旅。

文｜施逸筠　攝影｜鄒保祥、楊煥世、天下資料

四上自然：認識水域
六下自然：生物、環境與自然資源
四上社會：家鄉的名勝古蹟
五上社會：台灣的先民／日本統治下的台灣
七下科技：建築與社會

（年級或單元名稱因教科書版本而異）

路線圖

01 舊台中火車站

02 台中刑務所演武場

03 台中州廳

04 台中放送局

05 清水國小

06 中山綠橋

台鐵西部縱貫線從竹南以南，因山地因素，分為往台中的山線（台中線），以及開往大甲、清水的海線（成追線），最後在彰化會合南下。台中山海兩線的沿線城鎮，於日治時期由縱貫線帶動興盛發展，如今留下許多值得玩味的歷史痕跡。

日治時代有「小京都」稱號的台中，一九〇〇年起建立台灣第一個棋盤式街道，採用「東北—西南」、「西北—東南」走向的四十五度角，考慮了太陽升落方位，確保家家戶戶都有充足日照的巧思。

當時還比照日本京都有鴨川、桂川、高野川等多條河流，在台中開鑿了綠川、柳川、梅川三條人工河。一九〇八年更因日本親王來台灣參加在台中舉行的縱貫線鐵路全線通車典禮，「小京都」裡大興土木，包括充滿京都風的新盛橋（現在的中山綠橋）、台中公園的湖心亭，都是為此盛會而建。

日本京都清水寺，由音羽山的清澈靈泉而得名。在台中海線的清水小鎮，莫非也是泉水清澈可鑑？的確，清水因四季湧泉不斷，清清如水，日治時代便以此命名。

清水也是台灣知名江湖人物廖添丁的故鄉。傳說中義賊廖添丁擁有「青腳巾」功夫，一條長約三公尺半的青巾腰帶，可以當武器也可以繞上屋頂飛簷走壁，加上熟悉易容術，他不僅劫富濟貧，還經常躲過日本警察追捕，被塑造成日治時期的英雄人物。如今在清水還有紀念廖添丁的漢民祠，附近是港區藝術中心、圖書館匯集的清水文教區。

下一次搭乘台鐵，不論是搭山線或海線，可以放慢腳步，在台中山海城鎮中，來一趟帶著和風的優閒之旅。

01

舊台中火車站

DATA

臺中市中區臺灣大道一段 1 號

百年古蹟保留歷史痕跡

台中舊城區裡，有著許多大有看頭的老建築。其中舊台中火車站，就是一棟有近百年歷史的超大古蹟，從屋頂到月台地板下都留有原始建築的特色。

02

台中刑務所演武場

DATA

台中市西區林森路33號
（04）2375-9366

昔日司獄官警習武場所

如今更名為「道禾六藝文化館」是台中僅存的日式武術館建築。

多有架高地版設計，可在潮濕中保持通風。到了建築的外面，別忘了抬頭找找武道館屋脊上鑲著「武」字的鬼瓦，那是這棟日治時代司獄官警習武場所的神聖象徵。

03

台中州廳

DATA

台中市西區民權路99號
2019年配合古鎮修復
預計2022年完工

一棟戴著黑色大官帽的建築

興建於1912年的日治時代，2019年升格為國定古蹟。外觀像是戴著黑色大官帽的紅白洋式建築，因建築本身有著紅牆白飾帶的「辰野風格」，屋頂則為馬薩式建築，柱體及裝飾有許多西洋古典建築元素，設計熱鬧又氣派。

04

台中放送局

DATA

台中市北區電台街1號
（04）2220-3108
固定休館日：每週一、每週四

66 扇樣式不同的窗戶

來到台中放送局，記得駐足「賞窗」，會發現不僅窗戶超多，不同空間的窗戶造型都不一樣，通風、遮陽、採光功能兼具，隨著太陽高度變化，映照出窗影的多樣變化，為這個隱身於市區喧囂之後的小祕境，更添幾分美感。

05

清水國小

DATA

台中市清水區光華路125號

第一座校園古蹟

建立於1935年，紅磚搭建的U型校舍，日治時代設計時，強調建築功能性，除了靠走廊側前後開兩個門，另一側也開兩門，讓學生一開門就可以快速直通操場活動，建築搭配檜木天花板，充滿古意美感，總是讓特地造訪的遊客，留下無限驚豔和欣羨。

不遠處在「埤仔口」旁的神社崎，登上神社崎，就是四千五百至三千四百年前的牛罵頭遺址，這也是台灣中部地區新石器時代中期文化的代表，出土陶器以繩紋紅陶為主，也有多種石器，更有少見的鵝卵石墓葬在此呈現。

騎單車是很適合逛
清水小鎮的方式，
目前規劃有五福圳自行車道。
途中可欣賞「橋中橋」——
石瀨頭橋、百年手工製麵廠
和農村景觀。

延伸景點

高美溼地

目前已劃設「高美野生動物保護區」，並以棧道保護全台灣最大的雲林莞草草澤，以持續孕育豐富的底棲生物和造訪的候鳥。退潮前後可以用望遠鏡觀察招潮蟹、和尚蟹，漲潮前後則是搜尋候鳥蹤跡的好時機。

每年 12 月到 2 月有南下的候鳥來訪，2 月到 4 月則是夏季候鳥上場。

棋盤式街道

街道設計方式有放射式、棋盤式等。放射狀像是巴黎，以凱旋門為中心放射出 12 條大道；棋盤式在台南的民生綠園也可看見。

學習提問單

Q 你知道為什麼繁華的台中有「小京都」之稱？

Q 台中的棋盤式街道為何傾斜 45 度角？

Q 靠海的清水有個「牛罵頭遺址」，藏著三千年前的用品與棺墓？

06 中山綠橋（新盛橋）

細緻鑄鐵花紋古蹟

日治時代有「小京都」稱號的台中，在1908年因日本親王來台灣參加在台中舉行的縱貫線鐵路全線通車典禮，在這「小京都」裡大興土木而搭建，是東南亞第一座鋼筋混凝土橋。

想知道更多建築的歷史背景，
以及建築設計亮點，
可上「台灣大百科全書」網站查詢。

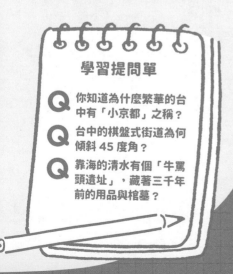

旅遊小資訊

不吃不可

宮原眼科
DATA：台中市中區中山路 20 號
（04）2227-1927

備註：若宮原眼科冰淇淋排隊人潮眾多，可至分店「第四信用合作社」購買。

中華路夜市
DATA：台中市中華路
17：00 ～凌晨

百珍香餅行
DATA：台中市清水區大街路觀音巷 53 號
（04）2622-4104

台中第二市場
DATA：台中市中區三民路二段 87 號
早市，小吃約為 7：00 ～ 16：00

台中第五市場
DATA：台中市西區大明街 9 號
早市，小吃約為 7：00 ～ 12：00

冷知識

一根手指頭就可往上搬動 5 公斤的窗戶，還可以任意定格？

這就是平衡錘拉窗的神奇之處。木窗的窗框裡藏著滾輪和秤錘，以鐵索牽動木窗。利用秤錘和木窗重量的平衡，只要用手指就能輕輕推動並可隨時停住窗戶，不會往下滑。在台中州廳和台中放送局，都可以看到這種拉窗。

CENTER 台中 跟著課本去旅行

中央公園

想學幾何數學
來這裡

孩子會排斥數學，多半源於數學的抽象特質。
台中中央公園帶你進入
不分齡的夢幻數學教室，
親子可一同尋找景觀的幾何意義、數量關係等，
從中發現數學的規律與美感。

文｜陳盈螢　攝影｜黃建賓

五下數學：長方體和正方體的體積／
表面積／立體形體
七下數學：直角坐標與二元一次／
方程式的圖形
八下數學：幾何圖形、三角形的基本性質／
平行與四邊形
九上自然：力與運動

（年級或單元名稱因教科書版本而異）

路線圖

01
中央
公園

02
科湳
愛琴橋

我們總是「紙上談兵」學數學，不過在數學發展史上，數學家們其實是在生活中發現數學、用數學描述生活。

將時間倒轉至八百多年前，數學家斐波那契(Fibonacci)選擇用「遞迴關係式」敘述兔子繁殖；來到十七世紀，笛卡兒(René Descartes)則創造「直角坐標系」描述蜘蛛在天花板垂絲的所在位置。

孩子會對數學產生排斥感，多半源於數學的抽象特質。台中葳格中學老師程瑋翔認為，數學變得「具體化」是提起學習興致的關鍵。在他心目中的理想課堂風景，就是「到教室外面，帶孩子拋開公式，把數學發現的過程找回來。」

他與中小學生跨校志工社群「小手拉小手」成員們到訪台中中央公園。二〇二〇年十二月初才正式開幕的中央公園，已成孩子們追趕跑跳的「放電」天堂。

公園面積六十七公頃、約三座台北大安森林公園，園內近萬株原生樹種、五座滯洪池，串連南北向無障礙、運動、休憩等步。

其中有結合華德福教育理念的十二感官體驗區，親子可同尋找景觀的幾何意義、數量關係等，發現數學的規律與美。

除了沿途引導提問，旅行中學數學，建議爸媽帶著美勞工具出發，安排動手做活動加深知識印象。隨行家長王筱彤與程瑋翔也以景點外型為靈感設計手作課。

譬如，遊客中心外牆呈立體方格形狀，他們拿出紙片，示範線與線、線與平面在空間中的垂直、平行關係。也帶孩子用針、線與紙板來回穿縫，表現科滴愛琴橋斜拉鋼纜的力學特性、幾何意義。中

01

中央公園

(DATA)

台中市西屯區中科路2966號
(04) 3706-2604
(中央公園遊客中心)

不分齡的夢幻數學教室

❶ 視覺體驗區：來到人氣打卡點彩色玻璃迷宮，遊客可透過特定波長光線，體驗周遭環境變化。過程中，爸媽也可交派孩子規劃迷宮路線的任務，引導孩子記錄坐標點，也藉此明白幾何的性質，可透過坐標轉化成數與式的關係。

❷ 思考體驗區：思考體驗區是以大地為主題的封閉構築。爸媽可鼓勵孩子，在室內陳設的裝置藝術中找出自己最感興趣的物件，並試著繪製立體圖形的前、後、左、右視圖與平面展開圖，再行比較、說明不同立體圖形的構成要素。

❸ 遊客中心：觀察遊客中心外牆結構，就像是方格筆記紙的立體版。在這裡，爸媽可由點、線、面等幾何特徵開啟數學話題，也可用紙片示意，讓孩子更能了解體積和面積的公式從何而來。

02 科渝愛琴橋

DATA

台中市西屯區
西接廣福路橋、東止經貿九路

結合力與美的斜張橋

科湳愛琴橋是座斜張橋。爸媽可引導孩子從橋塔、橋身、鋼纜三者觀察力學結構，並理解其構成的三角形邊角關係，也可事先準備紙張與針線，帶孩子動手做斜張橋模型，將全等、平行、垂直等幾何基本性質「具體化」。夜晚LED燈光照明時間為傍晚6點，在中央公園談論體驗區可遠眺愛琴橋。

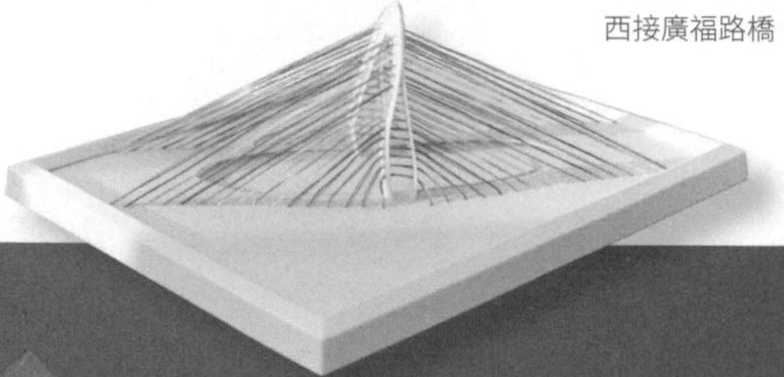

旅遊小資訊

不吃不可

新港香菇肉羹

熙來攘往的水湳市場，有攤超過 30 年、早上才營業的香菇肉羹飯／麵餐車，每碗 45 元。其湯頭口味偏甜，肉片新鮮滑嫩，是在地人公認的傳統好滋味。

DATA：台中市西屯區長安路二段 317 巷 1 號

水湳冷熱豆花

大鵬路上有攤傳統豆花很熱門，晚間 7 點才開，經常不到 11 點營業結束時間就收攤。其豆花湯分為黃沙碎冰、薑汁熱湯兩種，一碗 35 元可選兩種配料，高 CP 值連當地人也買單。

DATA：台中市北屯區大鵬路 29-6 號前

延伸景點

台南美術館二館

日本建築師坂茂操刀設計，主體建築將台南特色鳳凰花轉為五角造型，並以垂直堆疊、錯位的各式方型空間安排參觀動線。屋頂為因應地方氣候，以謝爾賓斯基三角形的碎形結構為基底，模擬樹蔭光影效果，展現數學的特有美學，十分值得親子一遊。

DATA：台南市中西區忠義路二段 1 號
（06）221-8881

冷知識

中央公園過去曾有神風特攻隊？

中央公園的前身曾為日軍神風特攻隊基地。而後由國民政府接收，前後作為軍用、軍民合用的水湳機場。但為升格國際機場，僅一條跑道的水湳機場於 2004 年遷建至清泉崗機場，並在 2020 年底以台灣首座綠能公園面貌正式開放。

延伸資源

《生活中的數學》套書

溫蒂．克萊姆森、大衛．克萊姆森、法蘭西斯．克萊姆森著／親子天下出版

學習提問單

Q 走訪景點時，你觀察到有什麼地方和學校所學的數學相關？

Q 承上題，我們還到過哪些地方也有相近的數學元素？

Q 你如何利用數位工具、書籍資料，搜尋景物與數學的連結性？

CENTER 彰化 跟著課本去旅行

彰化車站

親眼見證
台鐵活古蹟

彰化是座活的博物館，
這一次要帶著大家去
彰化市、王功和鹿港，
挖出這座博物館各種驚奇體驗。

文｜林韋萱　攝影｜鄒保祥、天下資料

三上國語：回到鹿港
四上自然：水生生物的世界
四上社會：家鄉的產業／
家鄉的名勝古蹟／家鄉巡禮
五上社會：台灣傳統社會與文化的形成

（年級或單元名稱因教科書版本而異）

E329
停車再開

在彰化市扇形車庫可以看到很另類的泊車小弟。這些人負責把火車頭從軌道開進車庫裡保養或維修。

鹿港的半邊井，除了是古時候富人敦親睦鄰的表現，還有許多意想不到的用途，等著大家來推敲。

有看過一大堆廟排排坐在工廠裡嗎？位於秀水鄉的鴻華雕刻部，是全台灣最大的神轎工廠。每座神轎就相當於一座小廟，有頂蓋、有柱子，處處是精緻的手工雕刻，非常的漂亮。

若你是個常搞丟東西的迷糊蛋，千萬要來鹿港

❶ 火車頭還可在這裡維修、保養，也因此被稱為火車頭的旅館。
❷ 傳統蒸汽火車屬於「動力集中式」系統，動力集中在車頭，拉動後面沒有動力的車廂。
❸ 高鐵屬於「動力分散式」動力分散各車廂，提高加速效率。

城隍廟走一遭。這裡除了城隍爺外，還有七爺八爺兩個部下。八爺范將軍是有名的破案高手，不只警員會來拜，連宏碁集團創辦人施振榮也曾因為IC零件失竊來求救過。在八爺「出差」到竹科後，沒過幾天警方就找到這批價值四千多萬元的IC零件了。

彰化是蚵仔煎的故鄉，全台灣每兩顆雞蛋，就有一顆來自彰化的芳苑鄉。來到芳苑鄉王功村吃蚵仔煎，用的是當地的蚵仔（牡蠣）、雞蛋，連養雞的飼料也添加了當地的牡蠣殼，徹頭徹尾的在地味。中

01

扇形車庫

DATA

彰化縣彰化市彰美路一段1號
(04) 762-4438

台鐵活古蹟

彰化車站的扇形車庫，是全東南亞僅存還在使用的扇形車庫，它建於1922年，是座「活的」古蹟。運氣好的話，到此處拜訪時，會看到「泊車小弟」把火車頭開進車庫裡。

扇形車庫以「調車轉盤」為中心，旁邊有十二個車庫。因為早期火車頭只能前進不能後退；後來的火車頭雖有倒車功能，但倒車還是不方便也不安全。因此，當車子開到底，又要開出去時，就要靠著「調車轉盤」幫火車調頭。

❶

前往王功或
其他海岸時，
記得到氣象局網站
先查詢潮汐表

02
王功

DATA

王功漁港旅客服務中心
彰化縣芳苑鄉王功村漁港路900號
（04）893-4967

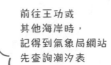

03

鹿港老街

DATA

彰化縣鹿港鎮瑤林街12號

與人分享的半邊井

鹿港老街瑤林街上，「三槐挺秀」的大宅院前的半邊井，廣為人知的答案是「富人樂善好施，與沒錢挖井的人分享」，還有一個鮮為人知的原因，經過文史工作者鄭武郎研究，半邊井可以節省空間，還能避免因為井口太大，人不小心落到井裡的危險，也可節省鑿井費用。

挖蚵仔的八卦

王功是一個學習元素很豐富的地方。前方是蚵田，可以和泡在水裡採收的蚵農聊聊蚵仔的生長過程，路上也可以見到手腳俐落的青蚵嫂正在「開蚵仔」：把殼敲開、割斷韌帶、挖出牡蠣。因為牡蠣外殼呈現不規則狀，所以還是以人力操作比較方便。如果有機會嘗試自己開蚵仔的話，要小心，千萬不要割到手喔。

學習提問單

Q 為什麼扇形車庫不蓋成方形的？

Q 為什麼鹿港有車站，火車卻到不了？

萬能錫舖

錫雕業在過去很興盛，因為「錫」的台語發音跟「賜」一樣，聽起來很吉祥，因此以前人祭祀嫁娶都愛用錫器。

DATA：彰化縣鹿港鎮龍山街 81 號
（工作坊）/（04）778-2877
（參觀需電話預約）

延伸資訊

影片《下課花路米：拜訪蚵仔的家—王功》
公共電視

影片《下課花路米：鹿港八郊尋寶記》
公共電視

04 九曲巷

DATA

彰化縣鹿港鎮金盛巷
120.43502/24.053459

分散「九降風」的聰明設計

台灣西部濱海地區，因為海峽地勢像個喇叭口，而產生「風管效果」，所以像是新竹、鹿港等都以風大聞名。因為九月中秋後東北季風強大，街道建得迂迴狹小有助於分散風力，所以外頭雖是嚴冬，巷弄內卻平靜無風，稱為「曲巷冬晴」，另外因為早年鹿港是商港，若遇到賊，可以容易甕中捉鱉。

旅遊小資訊

不吃不可

洪維身漁港店

如果你總吃到空包彈蚵嗲，可以來這家扭轉印象。這裡的蚵嗲有著跟煎餅一樣薄脆的殼，內餡滿滿的新鮮蚵仔。許多人吃到都驚訝：「原來蚵嗲是這樣的味道！」

DATA：彰化縣芳苑鄉漁港路 826 號
（04）893-5660

北門口肉圓、阿三肉圓、阿璋肉圓

清朝末年，北斗發生水災。為了救濟貧困，范萬居先生將「番薯簽」磨成粉漿，裹入筍子，就慢慢演變成今天的肉圓。如今，彰化市是肉圓店的一級戰區，最有名的就是北門口、阿三跟阿璋肉圓，一樣都是高溫油炸，皮酥餡多，也都很有默契的賣起骨髓湯。

DATA：
北門口：彰化縣彰化市中正路一段 494 號
（04）722-9980
阿三：彰化縣彰化市三民路 242 號
（04）724-0095
阿璋：彰化縣彰化市長安街 144 號
（04）722-9517

冷知識

牡蠣怎麼分公母？

抓一個牡蠣，把肚子的部分戳破，摸摸看。相對於公牡蠣，母牡蠣的卵子呈現顆粒狀，容易散開，也比較有沙沙的感覺；公牡蠣的則是細緻的膏狀，摸起來滑滑的。也有的牡蠣是雌雄同體。

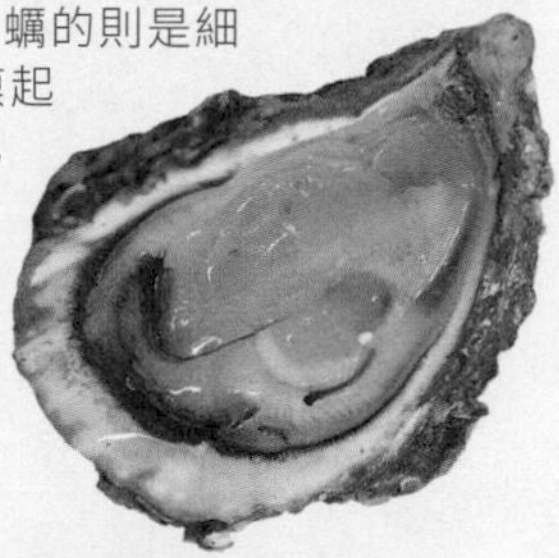

延伸景點

福井食堂

對鐵道迷來說，位在彰化社頭的「福井食堂」，也是一定要造訪的景點。老闆出生於台鐵世家，蒐集了上百件鐵道文物，把餐廳布置的宛如老車站一樣有情調。

DATA：彰化縣社頭鄉社斗路一段 336 號
（04）871-0350

芳苑濕地海空步道

2021 年彰化最新景點，濕地海空步道全長 1 公里，可以近距離觀察紅樹林與淺灘地上的豐富生態。傍晚還能欣賞夕陽餘暉。若時間充裕，不妨報名搭海牛車及景點導覽。

DATA：彰化縣芳苑鄉（可導航芳苑潮間帶濕地）

CHAPTER 3

跟著課本去旅行

南部

嘉義

自然——

阿里山，來一場戶外天文科學課

台南

社會史地、自然——

台南糖廠，想吃糖從採甘蔗開始

高雄

社會史地——

哈瑪星，乘溜滑梯穿梭三段歷史時空

屏東

自然——

潮州，一日看遍動植物繁衍

屏東

社會史地、自然——

恆春，親臨現場了解牡丹社事件

SOUTH
嘉義
跟著課本去旅行

阿里山
來一場戶外
天文科學課

小學自然課，有天文觀測的主題。
現在天文觀測 App 輔助觀測星空十分便利，
不過，仍不如實際走一趟戶外，
學會辨認星空來得更有感。
來一趟阿里山，
除了看神木，看日出，也可以觀星，
兩天一夜看遍日夜天文美景。

文｜蘇岱崙　攝影｜楊焕世

四上自然：觀測月亮
五上自然：觀測太陽
五下自然：觀測星星
九上自然：運動中的天體／太空和地球

（年級或單元名稱因教科書版本而異）

02
阿里山
巨木群
棧道

01
小笠原山
觀景台

路線圖

如果要稱讚冬天有什麼優點，最大的好處，應該算是夜晚比較長，夜空上的亮星比其他星星多，比其他季節更容易觀測吧！

四、五年級自然課，有天文觀測的主題。現在天文觀測App輔助觀測星空十分的便利，不過，仍然不如實際走一趟戶外，學會辨認星空來得更有感。

台北市天文科學教育館組長、《第一次觀星就上手》作者吳昆臻建議，若不熟悉星空的入門級觀星者，在出發觀星前，可以事先熟悉使用星座盤和連結的星座繪圖；而觀星環境必須愈暗愈好，手電筒、手機最好做好減光措施。

觀測冬季星空，得先找出獵戶座，幾乎可說是冬季最明顯的星座，可以對照星座盤或是星座App，從連成一線的三顆星腰帶開始辨識，再慢慢循線找到冬季夜空最亮的天狼星。冬天北部常有東北季風，天候不佳，中南部的山區較無光害，是比較理想的觀星地點。

吳昆臻也建議，星迷可以到北市天文館網站查詢當年度「重要天象」下載檔案，內有年度特殊星象發生日期，以及觀測難易度評估。

例如，二〇二一年五月二十六日是全年最大滿月、月全食，台灣則可以觀測到月出帶食；而這年觀測條件最佳的流星雨是八月十三日的英仙座流星雨。

林務局嘉義林管處也和嘉義市天文協會合作推出兩天一夜觀星生態營，包含阿里山巨木群生態導覽、夜間觀星，凌晨再出發看日出。

如果搶不到名額別氣餒，阿里山上電動遊園車業者，也提供觀星導覽行程。

01

小笠原山觀景台

DATA

林務局嘉義林區管理處
（05）278-7006

觀星時手電筒
可包上紅色玻璃紙
減光以免影響觀星視覺。

天文望遠鏡自動追星

林務局嘉義林管處與嘉義市天文協會合作舉辦的兩天一夜觀星生態營，所使用的天文望遠鏡可操控自動尋星。夜間到阿里山小笠原山觀景台觀星前，會先於戶外進行觀星基本知識教學。每月約兩週末舉辦，報名資訊不定期公布於嘉義林管處網站「最新消息」，或關注FB：嘉義市天文協會粉專。

Sky-Watcher

02

阿里山巨木群棧道

DATA

嘉義縣阿里山鄉2鄰17號
（05）267-99174（白天）
（05）267-9715（夜間）

三代檜木共生奇景

阿里山巨木群棧道有二，相加長度1公里多，沿途可欣賞約36株紅檜巨木。三代木是三代檜木共生的奇景，第一代樹齡約1,500年的檜木倒下後，種子落在枯木上繼續成長，之後又有第三代種子成長，是大自然生生不息的最佳示例。

旅遊小資訊

冰淇淋的
口味超特別的

不吃不可

飲冰柿茶集茶果子冰淇淋

「茶果子」以青心烏龍茶冰淇淋填入柿子，茶香與柿甜完美交融，是番路鄉農會去年甫推出的新產品；另有柿果子，柿子內餡是鮮奶冰淇淋。往阿里山途中的番路鄉農會購物中心可購買，亦可網路訂購。

DATA：嘉義縣番路鄉下坑村菜公店
109-1 號 /（05）259-1360

冷知識

天上有顆星叫「台灣」？

有顆 1964 年被發現的小行星，1980 年由國際小行星中心（MPC）正式命名為 2169 號「台灣」。這顆星因亮度太暗，肉眼難以觀測，在台灣本地幾乎沒有觀測紀錄，台北天文館透過在海外的望遠鏡追蹤觀測它。

延伸景點

台北市立天文科學教育館

戶外觀星難免遇到天公不作美，天文館宇宙劇場播放各種天文、地球科學影片，各場次結束後幾乎都會搭配星象解說，在球型幕上投放模擬星空，可在室內舒服又過癮的欣賞星空。室內展示場，從地球、太陽系到宇宙都以全新設計概念呈現。絕不能錯過的還有 4 樓的宇宙探險車。平日及寒暑假舉辦各種天文活動、營隊。

DATA：台北市士林區基河路 363 號
（02）2831-4551

學習提問單

Q 月圓的夜晚有利或不利觀測星象？為什麼？

Q 二十四節氣是陽曆，還是陰曆？

Q 流星雨的成因是什麼？

SOUTH
台南
跟著課本去旅行

台南糖廠

想吃糖
從採甘蔗開始

到台南除了名勝古蹟之外，
還能來點不一樣的。
蔗糖曾是台灣重要的外銷經濟產物之一，
而台南是種植甘蔗、產製蔗糖的重鎮。
「台南糖香之旅」帶孩子體驗瀕臨消失的
傳統製糖工法、傳統糖藝，
從拔甘蔗到炒製黑糖完整的製糖流程，
看熱度對於物質的影響有多大。

文｜蘇岱崙　攝影｜楊煥世

四上社會：家鄉的產業
五下社會：日治時期的台灣與經濟發展
六上自然：熱對物質的影響
八上自然：溶液濃度

（年級或單元名稱因教科書版本而異）

路線圖

01 佳里延平社區復古糖廍

02 善化糖廠

深緣及水善糖文化園區

03 總爺藝文中心

台南許多小吃都有甘甜味。有關台南人愛吃甜、用糖做料理調味的說法眾說紛紜，但確定的是，蔗糖曾是台灣重要的外銷經濟產物之一，而台南是種植甘蔗、產製蔗糖的重鎮。

根據台糖網站資料，在十七世紀荷蘭人來台時，就已開始產製蔗糖外銷，到日治時期大規模投資製糖工廠。

台灣目前僅存虎尾、善化兩所糖廠生產自製糖，從採收甘蔗、榨汁開始製糖。每年十二月中到三月的糖廠開工期，附近空氣都能聞到糖香味。

戶外教學達人、台南大學附設國小教師張景傑、陳怡均，設計了「跟著糖香去旅行」路線，帶孩子體驗瀕臨消失的傳統製糖工法、傳統糖藝，從拔甘蔗到炒製黑糖完整的製糖流程。

佳里區延平社區發展協會位於「頂廍」，張景傑解釋，古代「糖廍」是製糖處所，有「廍」的地名代表曾是製糖地。協會總幹事姚志峰將清代製糖時壓榨甘蔗的石輪、煮蔗汁的四座大鼎，復刻展示，重現古法製糖流程。參加協會的製糖體驗行程，可以到鄰近甘蔗田親手拔甘蔗。

採收的甘蔗，帶皮榨出蔗汁，姚志峰說明，如此能保存更多礦物質、微量元素，放入鼎熬煮兩小時以上，濃縮成巧克力色的濃稠糖汁，再倒進不鏽鋼盤上，以小鏟不斷來回翻動、散熱，讓固體黑糖慢慢成形。「炒」黑糖的過程十分療癒，熬糖更讓整室充滿焦香，大人小孩都樂此不疲。

若時間充裕，可以到烏樹林文化園區搭以前運甘蔗的五分車懷舊過癮，嘉義進順遊從台南出，值得兩日行程，細細品味台南的甜香。

01

佳里延平社區復古糖廍

DATA

台南市佳里區下營里15鄰頂廍117號
(06) 723-7423

體驗古法製糖

現在甘蔗都是機器採收，但體驗行程可以親手拔下比人還高的甘蔗 ❶，連皮榨汁營養保留更多 ❷。一般市售讓人吸吮甜汁的是紅甘蔗，製糖則用纖維硬度、糖分更高的白甘蔗。古早糖廍製糖時，因柴火不易控制火力大小，運用四到五組不同火力的灶鼎來煮蔗汁 ❸。待蔗汁熬煮呈濃稠狀時，須來回翻動冷卻 ❹，最後成為固體的黑糖 ❺。

拔甘蔗炒黑糖體驗
行程接受10人以上預約，
每人250元。

02

善化糖廠、深緣及水善糖文化園區

DATA

台南市善化區溪美里228號
（06）581-5057

朝聖熱門電視劇場景

❶ 善化糖廠是台灣唯二仍在製糖的糖廠，每年12月中到隔年3月是糖廠開工期，連空氣中都充滿糖香味。欲參觀的民眾，需先確認是否可申請參觀製糖流程，園區展示許多當年運甘蔗的五分車值得一遊。深緣及水善糖文化園區因熱門電視劇《我的婆婆怎麼那麼可愛》走紅，❷ 劇中拍攝場景「曲水流觴」，以及戲劇聯名產品鳳梨酥、婆婆餅等，假日都吸引排隊人潮。週一休園。

善化糖廠

03

總爺藝文中心假日攤商

DATA

台南市麻豆區南勢里總爺5號
陳恆雄0987-048629、蕭世彥0929-614019

傳統糖藝神乎其技

假日到總爺藝文中心一遊，可尋覓糖蔥師傅陳恆雄、吹糖師傅蕭世彥的攤位，欣賞高超的傳統技藝。

糖蔥製作須先熬煮砂糖水，可觀察水分漸蒸發後，原本透明糖水逐漸熬成茶色 ❶，大約攝氏160度時，再加入一小塊麥芽糖。熬好的糖漿放入炒菜鍋隔水冷卻，過程中液體糖漿逐漸凝固 ❷，可觀察物質型態在不同溫度下的改變。趁糖體未完全冷卻，將整塊仍有延展性的糖，放在工具台上不斷對半繞圈拉長 ❸，最後製成糖蔥。陳恆雄剛拉出的糖蔥呈現淡雅玫瑰金色，不是純白，他說因為熬煮時間夠久才能有這種顏色。

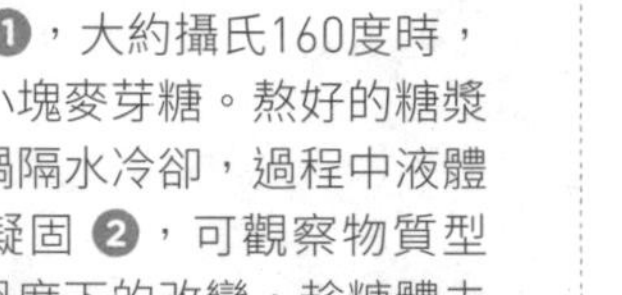

旅遊小資訊

不吃不可

善化糖廠冰棒

傳統黑糖口味是經典，還有少見的核桃杏仁與核桃蛋黃冰棒。

DATA：台南市善化區溪美里 262 號
（06）581-9731 轉 273

冷知識

運甘蔗的「五分車」是因為五分鐘來一班車嗎？

運甘蔗小火車專用鐵道的軌距寬僅 76．2 公分，是國際標準鐵軌的一半，所以叫做五分車。

延伸景點

烏樹林休閒園區

位在台南最北、後壁區的烏樹林以前也是糖廠，園區目前有五分車鐵道文化展示，可實際乘坐五分車，也有從榨甘蔗汁到煮糖的古早糖流程體驗。

DATA：台南市後壁區福安里烏樹林 184 號 /（06）685-2681

花蓮觀光糖廠

過去是花東地區製糖重鎮，目前轉型觀光，園區還有旅館可供住宿。10 人以上團體可申請預約製糖課程：花糖奇幻學院、甘蔗小學堂，深入了解製糖流程、糖廠歷史等。

DATA：花蓮縣光復鄉大進村糖廠街 19 號
（03）870-4125 轉 200

學習提問單

Q 甘蔗汁或糖水在鍋子裡熬煮 1、2 個小時後，最後的型態和最初有什麼不同？為什麼？

Q 加熱煮過的糖水，和冷卻到用手摸不感到燙時，外觀型態有什麼不一樣？

Q 國際標準鐵軌的寬度是 143.5 公分，五分車、高鐵、台鐵和捷運鐵軌的軌距寬度，各是幾公分？

SOUTH
高雄
跟著課本去旅行

哈瑪星

乘溜滑梯穿梭
三段歷史時空

日治時代，日本人開始建設哈瑪星地區。
如今這一帶仍留有當時的
鐵軌遺跡和日式建築。
來到這裡，除了交通迷會瘋狂，
全長七十九公尺的滾輪式溜滑梯，
沿途經歷清代、日治到現代的場景，
更是小小探險王造訪哈瑪星時
不容錯過的行程。

文｜蘇岱崙　攝影｜楊煥世

四上社會：家鄉的地名／家鄉的產業／家鄉的名勝古蹟
五下社會：日治時期的台灣／戰後的經濟與政治
七下社會：日治時期的統治／經濟與社會文化

（年級或單元名稱因教科書版本而異）

路線圖

01 西子灣防空祕道登山街60巷

02 哈瑪星台灣鐵道館

03 舊打狗驛故事館

04 武德殿

05 新濱街區

在清代以前，高雄的哈瑪星、鹽埕一代，還是一片淺灘。一九〇四年日本人開始填海造陸，積極治港，造就了現在哈瑪星、鹽埕地區。這個聽起來像是新潮的小行星名字，是日本人對當時兩條濱海鐵路「濱線」（Hamasen）的發音轉譯。如今，繁盛的鐵路運輸已不復見，哈瑪星鐵道文化園區留下了鐵軌遺跡和綠地，見證歷史。

打狗文史再興會社理事陳坤毅帶領我們走一遭新濱町街區，歷經二戰的空襲轟炸、政權移轉後的改建塗抹，歷史的房舍完整保留的並不多，令人唏噓。但經由地方文史工作者的奔走，許多老舊的木造屋舍、舊時的鐵軌遺跡，終於得以保存，讓造訪的民眾得以親炙，彌補教科書上總是片段、不夠詳盡的高雄歷史。

歷史或許沉重，但對於喜愛探險、交通工具的孩子，哈瑪星是天堂。除了高雄港區停泊進出的大船，設置在駁二藝術特區蓬萊B7、B8倉庫哈瑪星台灣鐵道館，打造出台灣知名鐵路線場景模型，各式小火車奔走其中，帶領鐵道迷一同穿越時空。

捷運西子灣站出口直行就到西子灣隧道，是往中山大學的通路。西子灣隧道的防空洞有多個出口，多半通往登山街民宅。

過去防空洞由高雄港警局管理，劃歸給中山大學後，中山社會實踐與發展中心副執行長吳涵瑜指出，為了活化歷史資產，目前規劃多種活動，包括策展、深度導覽行程等。導覽結合登山街六十巷歷史場域介紹，加上全長七十九公尺的滾輪式溜滑梯「時空廊道」，沿途經歷清代、日治到現代的場景，是小小探險王造訪哈瑪星時不容錯過的行程。

01

西子灣防空祕道
登山街 60 巷歷史場域

DATA

滾輪溜滑梯：高雄市鼓山區登山街60巷48-1號
預約網址：https://reurl.cc/7oG68b

乘溜滑梯穿梭三段時空

西子灣隧道裡的防空甬道，在2015年以前都管制不開放，因此蒙上一層神祕的面紗。防空甬道共長400多公尺，有多個出口，關於出口通往何處有許多傳言，目前已知的主要出口，是通往登山街的民宅後巷。

從防空洞可以通到登山街，沿途有清代的取水古道、日治時期打狗築港出張所官舍（外派人員官舍）遺址，也是國民政府遷台後，許多來自中國大陸軍眷及城鄉移民定居處。長達79公尺的「時空廊道」滾輪溜滑梯是熱門遊具，每週六、日可預約乘坐，每次50元。週末每天上午10點半、下午3點半各有兩場免費導覽，包含防空洞及登山街60巷歷史場域。

02

哈瑪星台灣鐵道館

DATA

高雄市鼓山區蓬萊路99號
（駁二藝術特區蓬萊B7、B8倉庫）
（07）521-8900

隨著擬真鐵道場景環島

館內打造了台灣12線火車模型及沿途的場景，從蒸汽火車到高鐵、捷運、輕軌共31種火車。每天提供三場次VR體驗，須年滿12歲，每場次限20人。除了室內展示，戶外也能體驗哈瑪星駁二線小火車搭乘，兩者皆須購票，合購有優惠。

03

舊打狗驛故事館

DATA

高雄市鼓山區鼓山一路32號
(07) 531-6209

許多場館多半週一休館，
哈瑪星台灣鐵道館
週二休館，
出發前請留意。

高雄第一個火車站所在

「舊打狗驛故事館」前身是高雄港站，是高雄第一個火車站（打狗驛），也是縱貫鐵路南段的起點，是南台灣現代化文明的發源地。故事館內展示打狗驛車站當年內部櫃台、文物等場景，由於是貨運站，並沒有候車座位。外圍保留部分月台，展示許多歷史火車頭，和一旁的輕軌哈瑪星站形成強烈今昔對比。

日治時代至今武道館

1924年完工，日治時期為當時警察、學生練習劍道、柔道的場所。建築風格走和洋式混合，屋體柱面有箭形及靶形浮雕。目前為文化局委外經營，平日開設劍道等課程，假日有定時導覽。

04

武德殿

DATA

高雄市鼓山區登山街36號
（07）531-7382

05

新濱街區：書店喫茶一二三亭

DATA

高雄市鼓山區鼓元街4號2樓
（07）531-0330

百年老屋訴說時代流轉

建築物具有百年歷史，日治時期是有藝伎表演的料亭（高級日本料理餐廳），後來改建成旅館，戰後又成為製作棉被、衣服的被服廠，以及通運公司用地，現在則是咖啡館。此建物曾經屋主改造，但屋頂仍維持原造型，從內部可以看見原始木造屋頂。

一樓出入口牆面展示了一張放大的老照片，照片中的女性穿著和服，看得出是日治時代拍攝，但中間卻有個被挖空的人形，令人好奇原因。陳坤毅解釋，老照片是向在地居民募得，但相片中人物的後代也不知原因，隨著長輩逝去，成了永遠的謎。地方文史工作者刻意藉由此照片，提醒大眾，家族口述歷史傳承的重要性。

旅遊小資訊

不吃不可

哈瑪星黑旗魚丸大王

高雄代天宮的廟口小吃，不只有旗魚丸，還有蝦丸、肉丸，綜合丸湯是最多人的選項。除了Q彈的丸子，還有豬腳飯、滷肉飯、旗魚排飯等多種小吃選擇。

DATA：高雄市鼓山區鼓波街 27-7 號
（07）521-0948

學習提問單

Q 經過鼓山區濱海一路附近巷弄的水泥路面，能否找到像這樣平行的兩道痕跡？底下是過去的濱線鐵軌。

Q 量量看，哈瑪星鐵道文化園區的舊鐵軌軌距，和輕軌捷運的軌距各是幾公分？哪一種是「標準軌距」？

Q 登山街沿途許多日治時期設施是用「咾咕石」打造的，它們外觀有什麼特色？怎麼形成的？

新濱街區：打狗文史再興會社

DATA

高雄市鼓山區捷興二街18號1樓
（07）531-5867

尋找高雄的老記憶

由致力保存高雄歷史的地方文史工作者成立，本身建築就是日治時代的木造屋，原本是木材行。內部收集許多高雄當地的文史資料、書籍，平日開放民眾參觀。不定期舉辦對外活動。

（攝影／陳德信）

SOUTH 屏東
跟著課本去旅行

潮州
一日看遍 動植物繁衍

蜜蜂授粉是觀察「動植物生殖」的好例子，
想觀察花朵授粉過程，可以夜訪火龍果花。
趁假期來屏東，
就能規劃一趟觀察動植物繁衍、
好吃好玩的生態一日遊，
親身體驗課本中的蜜蜂跳舞與花朵授粉。

文｜楊若晨　攝影｜有點衡文創工作室提供、梁偉樂、楊若晨

三上自然：植物的花／果實和種子
五上自然：植物的奧祕
七上自然：植物的感應（夜間開花）／動物的行為
七下自然：植物的有性生殖

（年級或單元名稱因教科書版本而異）

路線圖

01 彩虹玉生態農場

02 柏哥無毒農場

03 林后可可園

由潮州返鄉青年、有點衡文創工作室創辦人黃宥蓁領路，規劃一趟觀察動植物繁衍、好吃好玩的生態一日遊。

蜜蜂授粉是觀察「動植物生殖」的好例子，林後四林平地森林附近的柏哥無毒農場，由養蜂職人陳柏升（柏哥）帶領，就能認識蜜蜂習性、飛行距離，分辨蜂王、雄蜂與工蜂的不同，看蜂箱構造、搭建培育蜂王的王台、體驗搖蜜，現嚐真蜜。

想觀察花朵授粉過程，就夜訪彩虹玉生態農場看火龍果花，因為花苞宛如曇花，天黑後逐漸敞開，直到清晨花冠逐漸閉合，太陽升起則凋謝。這時化身「工蜂」，趁花謝前用毛筆採集不同株的雄性花粉，傳授到雌性花的花柱上，為不同株火龍果「異株授粉」，讓品種更優良，同時享受採果樂趣，現吃不同肉的火龍果、玩猜重量遊戲。

趁假期直衝屏東，去中正市場吃早點，到林後四林平地森林及附近農地如火龍果、蜜蜂與可可果園，親近食材源頭、觀察動植物繁衍，回到鎮上，參訪兩百多年歷史的三山國王廟與周邊小吃，感受在地生活，讓一連串驚奇在旅程中得到解答。

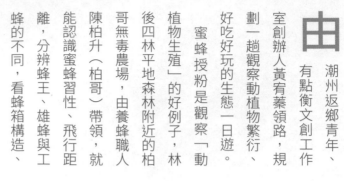

01

彩虹玉生態農場

DATA

本農場平時沒有對外開放
僅接受預約；預約專線：（08）788-5310

夜晚比白天美！夜訪火龍果花

由於火龍果是夜間開花、清晨就凋謝，而夜晚蜜蜂多歸巢休息，加上紅肉火龍果本身不易「自花授粉」，於是農民多採用人工授粉提高著果率。先收集不同株火龍果花的雄蕊粉，再以毛筆沾取花粉，塗在雌蕊上（見120頁），以求更好品質。為配合火龍果花開與生長期，體驗人工授粉為2月底～12月、採果體驗為1月～12月。除了夜間採果，想在果園體驗特色餐點，也可以事先預約。

02 柏哥無毒農場

DATA

屏東縣潮州鎮復興路3巷4-1號

（08）787-1195

看蜜蜂勤做工

農場主人柏哥自軍職退伍後，轉職養蜂。行程從認識蜜蜂習性開始，讓大家戴著頭套去看蜂箱與王台如何製作。讓人體認蜜蜂不僅是為農作物授粉、製造蜂蜜，更是重要的環境監測依據。由於溫度會影響蜜蜂的穩定度，近年因環境破壞，自然野蜂數量銳減，靠蜜蜂授粉的農作物面臨挑戰，其他縣市農民若提出授粉需求，柏哥就會「出借」蜂群與蜂箱，讓牠們在外地農場一至兩個月，幫忙授粉同時採蜜。建議上午10～12點進行蜜蜂觀察，避開陰雨天，以及避開蜜蜂在外地授粉時期。

03 林后可可園

DATA

本農場平時沒有對外開放

僅接受預約；預約專線：（08）788-5310

可可果實，挑戰視覺味覺

吃過巧克力，但有看過可可果嗎？屏東早年種檳榔，近年除了改種火龍果，也因緯度適宜而轉種可可樹，成了台灣可可果產地，把「綠金變黑金」。為了「讓可可不只是巧克力」，林后可可園以自然農法栽培，也開發可可果多種用途，除了果肉做成沙拉等特色料理、可可豆製成可可粉，冷壓萃取的可可脂也研發出護唇膏與面膜，讓整顆果實充分利用。園區能品嚐新鮮可可果肉、可可茶，DIY巧克力飲或可可護唇膏。

旅遊小資訊

不吃不可

清蒸肉圓、煎鹹粿

位在中正市場內，是在地人的早點，以在來米漿磨製的肉圓皮與粿，軟Q夠味。煎鹹粿則是在來米漿直接煎至焦黃，最後淋上醬料，米香四溢。

DATA：
肉圓：屏東縣潮州鎮連興路 2 號旁騎樓下／ 0976-550908
鹹粿：屏東縣潮州鎮中正路 61 號側邊騎樓前／ 0933-292677

正老牌冷熱冰

人稱「燒冷冰」，先在盤底放上熱騰騰的湯圓、綠豆蒜與紅豆等古早味餡料，再加剉冰與糖水，好吃祕訣是別攪和，由下往上挖起吃。

DATA：屏東縣潮州鎮新生路 120 號
（08）788-6117

冷知識

如何從火龍果外觀分辨紅肉或白肉？

白肉的萼片葉子比較細長，紅肉的萼片葉子則是較寬且短，另一個辨別特徵是紅肉火龍果的尾端是蓮花形狀。無論紅肉或白肉，火龍果挑選原則都是果實飽滿、外皮光滑、顏色鮮紅，針對白肉，萼片要帶點綠色，而紅肉則是要等萼片全部轉紅，否則會有草腥味。口感而言，紅肉吃起來較軟，白肉則因纖維質多，相對扎實。

延伸景點

苗栗區農業改良場

許多人類食用的作物得靠昆蟲當媒介授粉，想認識更多動植物的繁衍，行政院農委會苗栗區農業改良場也有推出蜜蜂、桑蠶、愛玉的生態導覽行程，像是蜜蜂生態及農業授粉、辨別真假蜜等。

DATA：導覽行程預約網址：
https://ppt.cc/fPiL2x

學習提問單

Q 有些火龍果沒有人工授粉也可以結出火龍果，那麼農場的人為什麼要做人工授粉？

Q 蜂巢的蜂房是六角形的，比起四邊形或三角形的蜂房，六角形的蜂房優點是什麼？

Q 蜂箱巢片兩面都有巢房，而兩面的巢房並不相通。請仔細觀察巢房結構，一隻住在巢房的蜜蜂，最多會有幾個鄰居跟牠共用巢房的牆壁呢？

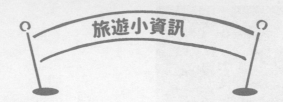

SOUTH 屏東 跟著課本去旅行

恆春
親臨現場了解
牡丹社事件

走一趟國境之南，
讓百年的建城歷史、
蒼涼的月琴古謠與精采的生態景觀，
帶你重回當年的荒煙蔓草與篳路藍縷。

文｜李佩芬
攝影｜楊煥世、吳東峻、李佩芬、曹憶雯、天下資料

六下自然：生物與環境
九上自然：地表地質作用與岩石礦物
四上社會：家鄉的名勝古蹟
四上社會：家鄉的節慶與民俗活動
五下社會：清末現代化的建設
六上社會：台灣的自然資源與物產

（年級或單元名稱因教科書版本而異）

路線圖

01 恆春古城

02 恆春民謠館

03 恆春鎮搶孤祭典

04 社頂自然公園

05 出火特別景觀區

屏東是有著濃厚熱帶風情的度假天堂，而且擁有豐富的自然環境與歷史故事。除了導遊信手拈來的恆春特色「三寶」與「三怪」之外，這裡豐富的文史底蘊與生態樣貌，都是中小學教材的常客。

沉迷史地的孩子，站在恆春古城的東西南北門，可遙想清朝與日本發生衝突的牡丹社事件；遠眺鵝鑾鼻燈塔，也可從這座白色「東亞之光」的典故中，回首一八六七年的美國羅發號事件。

愛大自然的孩子，可走訪地底冒出火苗的「出火

01 恆春古城

DATA

屏東縣恆春鎮

西門城樓上有以厚玻璃箱
保護供憑弔的古城牆殘垣。
小朋友巡禮古城時，
千萬不要用手用力壓，
以免受傷，
也要相互提醒愛護珍貴的歷史遺跡。

來場真實的騎馬打仗

發生於清朝同治13年（1874年）的「牡丹社事件」，是國小高年級社會課本會提及的重要台灣歷史。從台灣史角度來看，因牡丹社事件而起的軍事攻防與外交折衝，促使清廷開始重視台灣，因而派當時的船政大臣沈葆楨來台，並於光緒元年（1875年）在此築城設縣，迄今已有一百三十多年歷史。

雖然東門與南門在修復過程中，未能保存當年原貌，但恆春古城已是台灣目前唯一有保留四座城門與部分城牆的古城池，被列為國家二級古蹟。隨著緩坡慢道爬上城樓高處，端詳具軍事防禦功能的砲台與護城河，過去孩子可能只是在電玩裡攻城略地，如今就在固若金湯的百年城牆上，玩一場騎馬打仗的戰爭模擬吧！

特別景觀區」、墾丁國家公園境內的社頂自然公園，運氣好或許還能瞥見復育成功野放的溫馴梅花鹿。

愛音樂的孩子，也可踏進陳達故居與恆春民謠館，甚至來個小月琴製作DIY。隨著《海角七號》已故國寶「茂伯」而翻身的月琴，如今在許多在地的音樂文史工作者努力下，開始展現不同風貌。其中，利用電燒方式，在圓如月的琴身面板上，燒出深深淺淺不同構圖的「燒畫月琴」，以及依著孩子身材而製作的古錐「小月琴」，重新賦予古老月琴新生命的代表。

月琴彈唱恆春的故事

想認識恆春民謠可以先到位於恆春鎮貓鼻頭附近砂尾路的陳達故居。

在1960年代，音樂家許常惠、史惟亮曾發起「民歌採集運動」。被史惟亮稱為「民族音樂最後一位孝子」的陳達，以其獨特的唱腔，讓曾經一度式微的恆春民謠再掀風華，而膾炙人口的《月琴》這首歌，歌詞裡所說的「老歌手」指的就是陳達。

來到恆春民謠館有提供傳藝師民謠體驗，以及在地產業體驗如洋蔥皮植物染、小月琴製作DIY等，需先以電話預約。

02

恆春民謠館

DATA

屏東縣恆春鎮恆南路168號

（08）888-0293

03

恆春鎮
搶孤祭典

DATA

屏東縣恆春鎮
恆春東門城外

到搶孤祭典看攀爬勇士拚競技

每當時序進入「鬼月」，台灣西南隅屏東恆春與東北角宜蘭頭城的「搶孤」儀式，是極具地方傳統的年度盛事。

恆春搶孤是在東門古城外舉行，早期搶孤棚只有4根柱子，象徵著恆春境內的4座古城；而現今搭建的豎孤棚已經多達36根，每根約高23公尺，看哪支隊伍能最早爬上黑不溜丟滑不嘰溜、塗滿牛油的原木柱子，率先取得孤棚頂端的「順風旗」，考驗著所有搶孤勇士的攀爬技巧、體能與默契。

04

社頂自然公園

DATA

屏東縣恆春鎮社興路186-1號
（08）886-2720

探訪梅花鹿與老鷹

墾丁國家公園管理處在社頂自然公園的東側，成功野放了上百隻梅花鹿，讓恆春山區的山巔水涯處，都陸續出現成群的梅花鹿芳蹤，「夜訪梅花鹿」也成為此地的熱門行程。

除梅花鹿外，每年九月中秋節前後的凌晨，社頂公園凌霄亭也聚集了許多愛鳥人士前來朝聖。尤其當遇上颱風過境或連續大雨過後，即使廣大的天空也會出現擁擠的「塞鷹」現象，此時也比較有機會觀賞到壯觀的「鷹河、鷹海」，或爆發力十足如龍捲風般盤旋而下的「鷹柱」，想欣賞群鷹英姿，就在這裡！

05 出火特別景觀區

DATA

屏東縣恆春鎮恆東路旁，恆春鎮東門出城
行駛200縣道
往滿州鄉方向依循指示
即可達恆春出火

為保存出火特別景觀區的
地貌景觀與自身安全，
務必提醒小孩不要跨越火源區，
以免受傷。

大自然的火舞

在農曆七月夜遊恆春，出了古城東門往佳樂水方向看往公路左側，會看到一處由柵欄圍出的大圓圈，是國小社會課本提到台灣特有地貌的主題時，「出火」便是其中之一。這是因為天然氣從地底泥岩層的裂隙溢出遇火而形成，火苗終年不熄滅。

白天造訪，較難感受到出火的亮度與氤氳；想要感受火花隨風起舞的景象，建議在夕陽西下以後，帶著手電筒造訪，較有機會欣賞到出火的氣勢。

旅遊小資訊

不吃不可

冒煙的喬

恆春熱門的墨西哥餐廳，記得務必事先訂位，或是早些入場。

DATA：屏東縣恆春鎮大灣路 188 號
（08）886-1185

熊家萬巒豬腳

豬皮滷得油油亮亮，嚐起來皮 Q 肉嫩不油膩，還可沾上店家特製的蒜蓉醬。

DATA：屏東縣萬巒鄉褒中路 156 號
（08）781-2521（總店）
屏東縣車城鄉保新路 105 號
（08）882-5656（分店）

學習提問單

Q 你知道是哪一座古城門，卡住電影《海角七號》的遊覽車嗎？

Q 哪兒可以看到「台版烏克麗麗」？

Q 恆春有哪「三怪」和「三寶」？

延伸景點

瓊麻工業歷史展示區

到這裡回味打造恆春早年經濟高峰的經濟作物「瓊麻」的工業史，親眼看看當年的曬麻場地與製麻機器。瓊麻的葉子尖端有著黝黑的刺針，前往瓊麻展示區觸摸葉子時務必小心，別傷了植物，更別刺傷了自己。

DATA：屏東縣恆春鎮草潭路 4 號
（08）886-6520

延伸資源

音樂《聽咱的囝仔在唱歌》

屏東縣政府文化局出版：這張專輯裡的詩詞，由屏東在地孩童詮釋，為恆春歌謠注入創新生命力，受到 2013 年的傳統暨藝術音樂金曲獎評審青睞，入圍「最佳兒童音樂專輯獎」。

書籍《恆春半島深度旅遊》

陳文山等編著／遠流出版

網站「國家公園 X 環境教育」

www.facebook.com/nutcccisnp

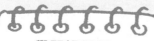

CHAPTER 4
跟著課本去旅行

東部

宜蘭

自然、社會史地——

雪隧，穿過多個斷層帶的地質講堂

花蓮

自然——

玉里，兩個板塊擠出台灣島

台東

自然、社會史地——

到部落，感受豐富的在地特色

EAST
宜蘭
跟著課本去旅行

雪隧
穿過多個斷層帶的地質講堂

太平山森林鐵路與雪山隧道，
扭轉了宜蘭古今的命運！
這一回，不要只是路過，
更要來一趟雪山隧道文物館，了解開鑿經過；
還要到太平山巡山，
挖掘高山森林的小祕密，
並體驗當年伐木工人的生活。

文｜林韋萱　攝影｜黃建賓

四上自然：運輸工具與能源
六上自然：多變的天氣
七下自然：環境保護與生態平衡
五上社會：台灣的自然環境
五下社會：台灣的區域與交通
五下社會：日本統治下的台灣

（年級或單元名稱因教科書版本而異）

路線圖

01 雪山隧道

02 雪隧文物館

03 羅東林業文化園區

04 太平山

古今有兩條路，扭轉了宜蘭的命運。一條是日治時期建設，如今已經停駛的「太平山森林鐵路」系統，是它造就了羅東的繁華。另一條，就是二〇〇六年通車的雪山隧道。它是全世界最艱鉅的工程之一，連Discovery 頻道都專程來拍過紀錄片。

雪山隧道是最酷的校外教學景點。它是地質教室：鑽掘時穿越無數的斷層帶、湧泉，一挖就到處噴水，所以工程人員稱它是「泡在水裡長大的隧道」。

它也是社會教室：開挖前後，引發了各界對「人定勝天」的質疑——是否真的有必要為了經濟發展犧牲環境；通車後，對宜蘭產業、人文、民生的影響甚鉅。

這一次，我們不只是「經過」雪隧，更前往頭城的雪隧文物館，裡面有隧道壁的斷面模型、鑽掘機模型，更能看到磨損的鑽頭，以及挖出來的石頭，感受這個歷時十幾年才完成的浩大工程。

感謝雪隧，讓抵達宜蘭的路程縮短許多，「太平山」這個景點也因此更容易親近。

太平山只來一、兩次是不夠的，因為這裡四季都美。大多數人選擇秋天來賞紅葉，也有很多人趁冬天上山賞雪。記得要在這裡過上一夜，這樣才趕得上翠峰湖的日出。

車子行經「白嶺」時，外頭一片白茫茫的霧，難怪叫「白嶺」。

太平山有十條景致各異的步道。其中最親民的兩條為見晴步道和原始林步道。如果想要挑戰腳力，可以試試看高低差較大的三疊瀑布步道。

進入森林，不只要當老鷹遠眺山景，更多的時候要化身為謙卑的螞蟻觀察細處。東

01

雪山隧道

處處有機關

雪山隧道是條「管很多」的隧道。一進隧道就會聽到廣播要駕駛「不用刻意保持車距」，或是看到「請加速」的告示。這些特別的做法都是為了讓雪隧不要塞車。因為雪山隧道是有坡度的，台北端較高、宜蘭端較低，所以從宜蘭回台北時是上坡，必須提醒駕駛加速，不然容易塞車。

至於為什麼會聽到雪山隧道廣播要駕駛「不用刻意保持車距」，是因為假日車多，車速慢，所以萬一遇到狀況，駕駛需要的反應時間不用太長，因此可以縮短車距至20公尺（一般是50公尺）。而在隧道出口會多兩排黃燈是怕駕駛出隧道後，會覺得隧道外光線太強，所以用於幫助駕駛適應光線。

02

雪隧文物館

DATA

宜蘭縣頭城鎮金盈里北宜路一段223巷60號
（02）2665-7230轉3316（工程師楊霈瑜）
採預約制，參觀前需先上官網預約

探索全台最長隧道開挖祕密

雪山隧道文物館位於雪隧宜蘭洞口下方導坑（為絡隧道下方的坑道）旁，裡面有隧道壁的斷面模型、鑽掘機模型，還可以看到磨損的鑽頭跟挖出來的石頭。讓鑽頭磨損的元兇之一，就是硬度超高的四稜砂岩。

03

羅東林業文化園區

DATA

宜蘭縣羅東鎮中正北路118號
（03）954-5114

體驗伐木工生活

羅東是全台灣最小的鄉鎮，只有一千一百三十四公頃，比桃園機場的一千兩百公頃還小。這麼小的地方之所以能如此繁榮，一定要認識最大功臣——陳純精。

陳純精是媒體工作者陳文茜的曾祖父，也是羅東第一任鎮長（1920年上任）。是他促使羅東成為木材轉運樞紐，奠定了今日的繁華。所有從太平山上運下來的木材，都要透過鐵路運到最後一站，也就是現在羅東林業文化園區中的「竹林車站」。

在園區中，可以看到木材運輸方式的演變。最早期把木材丟到蘭陽溪裡，順流而下。這種方法雖然方便，但萬一颱風來了，木材就會不知去向。後來因為羅東要建設水力發電，把蘭陽溪的水截走，所以才建設鐵路運輸。如今台灣已經禁止伐採天然林，但在園區裡還是可以看到當年的火車、鐵道、貯木池，並且體驗當年伐木工人的生活。

園區中的展館
都需要脫鞋參觀，
不要穿太難穿脫的鞋子
會比較方便。

04 太平山

DATA

宜蘭縣大同鄉太平村58-1號
（03）980-9806

假日全票 200 元、半票 100 元；
如到園區內「鳩之澤」
溫泉泡湯，需另行購票。

昔日林場

太平山和阿里山、八仙山，是日治時代的三大林場。伐木工人把珍貴的扁柏、紅檜鋸下，透過流籠及森林鐵路運輸到平地交界處「土場」，再換成平地火車。

想了解當初林業的狀況，一定要走走「見晴步道」，也就是當初「見晴線」鐵路的位置。雖然火車已經停駛，但鐵軌、轉側器（可自己轉轉看）、索道都就地保存下來，讓人有種走在時空隧道的感覺。

步道口有愛心垃圾袋和夾子，讓遊客為環境盡份心力。

旅遊小資訊

不吃不可

羅東夜市

許多人來到這裡必吃羊肉湯、烤肉以及包心粉圓，還有各種美食可以選擇。

DATA：宜蘭縣羅東鎮興東路與民權路口。

宜蘭紅糟魷魚

魷魚有炸的與川燙兩種，另有香菇粥可以搭配。

DATA：宜蘭縣宜蘭市中山路三段 153 號
（03）936-6556

冷知識

辨識「蟻窩」與「蜂窩」

冬天旅行有一個好處——樹的葉子掉光後，樹枝樹幹都被看光光了。行駛山路時，注意路邊的樹上是否有著圓形的大土球。不要一看到就以為是蜂窩嚇得逃走，蜂窩是懸掛式的，如果土球包覆著枝條而生，大部分都是蟻窩。

↑ 蜂窩

↑ 蟻窩

學習提問單

Q 你知道雪山隧道是如何歷盡艱辛開通的嗎？

Q 為什麼阿里山的小火車要「Z」字型前進後退，而太平山的蹦蹦車卻不用嗎？

延伸資源

影片《流言追追追：雪山隧道火災逃生》

公共電視

影片《建築奇觀：台灣雪山隧道》

Discovery 發行：以國際角度記錄這條亞洲第一的公路隧道，透過影片、3D 動畫解說及工程師的訪談，呈現雪山隧道的建造過程。

影片《MIT 台灣誌：台灣百年記憶系列之太平山翠峰湖》

麥覺明導演

影片《繽紛台灣再發現：翠峰湖、山毛櫸步道》

行政院農業委員會出版

手冊《太平山國家森林遊樂區：雲海灌溉的森林》

林務局羅東林區管理處出版

書籍《世紀之森——蘭陽林業百年場記》

林務局羅東林區管理處出版

EAST 花蓮 跟著課本去旅行

玉里

兩個板塊 擠出台灣島

到花蓮玉里、富里，
許多人的目標是鎖定金針花海。
但兩個小鎮其實有豐富的
地質景觀、植物樣態，
像是立體的自然課本。
漫遊其中，平常上自然課
無感的孩子也能處處有新發現，
開啟好奇雷達。

文｜許家齊　攝影｜黃建賓

三上自然：植物的身體
五上自然：植物的奧祕
五上社會：台灣的地形
六上自然：地表的變化

（年級或單元名稱因教科書版本而異）

路線圖

01 玉富自行車道

02 羅山遊憩區

03 東里派出所

04 小天祥

夏秋交替，前進花蓮玉里看黃澄澄的金針花，秋收前夕，到富里看稻浪、隨「穀稻秋聲」音樂節搖擺，是許多人嚮往的台九線旅行。

但富里、玉里，兩個花東接壤小鎮的風情不只「期間限定」，當地豐富的地質景觀與植物生態，足夠讓旅人細細探察。

玉里就藏著一個「世界唯一」。玉富自行車道，是世界唯一橫跨兩個板塊的自行車道，很多人可能一輩子沒機會跨越板塊，但旅人來到玉里，卻能一秒走過。

富里像個地質教室。從富里車站為中心，放射狀約十分鐘車程，瀑布與泥火山、利吉層惡地、小天祥峽谷，繞一圈就能飽覽特色景觀。瀑布如何形成？還記得河川侵蝕作用嗎？為什麼河床有寬有窄？親身觀察喚起課堂所學，也能在腦海上演地景形成紀錄片。

帶著孩子走讀大自然，讓學習從平面變立體

走一趟羅山遊憩區，能帶孩子邊觀察、邊推理噴出來的泥漿具有鹽分的泥火山，周遭植物會有什麼樣的特性？無論是事前做功課找圖片，或現場看告示牌，親子能玩尋寶遊戲，找找附近耐鹽性高的植物有哪些？

富里在地人、花蓮東里國小老師陳秋正，帶著學生往大自然走讀快三十年，為的是讓學生學習更有感。陳秋正表示，學生剛開始走讀時，並不會強迫他們背下動植物名稱，孩子願意親近環境才是最重要的，「親近後他會喜歡，喜歡後才會投入、投入後才會愛惜。」

玉里、富里這個資源豐富的立體自然教室，若走一趟意猶未盡，就再來一趟吧！東

01

玉富自行車道

DATA

玉里火車站步行至玉富自行車道約5分鐘
(03) 887-5306(花東縱谷國家風景區)

享受腳跨兩大板塊樂趣

歐亞大陸板塊和菲律賓海板塊擠壓,使台灣島誕生的這段島嶼身世許多人從小背到大,不如直接走上橋,「見證」板塊擠壓、隱沒,如何造成地面隆起、橋面產生緩坡,使學習更立體。這長約十公里的自行車道,過去是鐵道,因板塊擠壓,使一側隆起,橋墩逐漸升高,後改為單車道。

板塊交接處有標示介紹,遊客可以一邊站在板塊交接處上方留念、一邊複習板塊知識。往自行車道旁望,廣闊的秀姑巒溪與一片甜根子草美景也是看點。

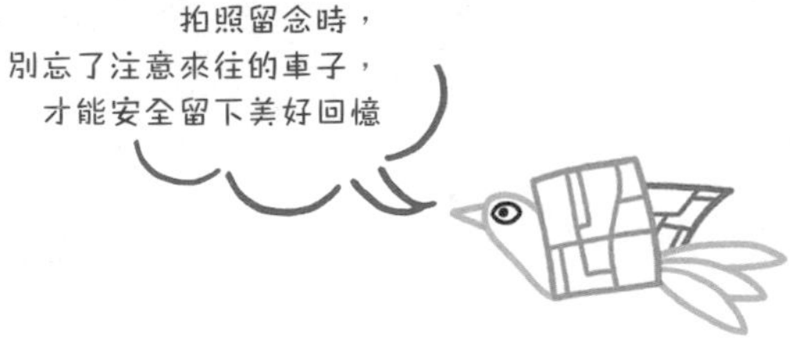

02

羅山遊憩區

DATA

花蓮縣富里鄉羅山村9鄰東湖39號
（03）882-1725

瀑布、泥火山景觀一次滿足

❶ 泥火山和孩子印象中的「火山」，無論在外型還是熱滾滾的溫度都很不一樣，非常能引起孩子興趣。陳秋正會讓學生觀察泥火山噴出的成分，如沼氣、水、泥巴，以及觀察噴出物的流向等。

❷ 羅山遊憩區景觀豐富，從羅山大魚池能遠望羅山瀑布，沿步道走則可以看到泥火山景觀，一併欣賞周遭的濱海植物，展開一趟地質景觀與植物的尋寶之旅。

羅山泥火山周遭植物是植物界的生存高手

泥火山噴發的泥漿有比一般地區更高的鹽分，因此也影響著周遭植物植被，耐鹽性高的植物較能生長。

❸ 鹵蕨：又名鬯蕨，可達2公尺，堅硬根部是其他蕨類植物少有，為台灣稀有植物，可見於花蓮羅山村、台東關山、屏東佳樂水。

❹ 冬青菊：常見於台灣西南部沿海鹽濕地區，內陸地區僅有泥火山附近能看到。

03 東里派出所台東蘇鐵

(DATA)

花蓮縣富里鄉東里村大莊38號
(03) 886-1114

百歲鐵樹守護村民

東里派出所兩側各有一株台東蘇鐵，從日治時代至今已有百年歷史，像守護神般矗立生長著。據陳秋正的資料，這兩棵台東蘇鐵是台灣地區目前人為栽植中樹身最大、樹齡最長的。

04 小天祥

(DATA)

花蓮縣富里鄉東富公路31號
(03) 887-5306（花東縱谷國家風景區）

縮小版太魯閣峽谷

位於東富公路上。從人工小山洞望去，一側是陡峭岩壁、河道窄，如太魯閣峽谷般險峻，故被稱為「小天祥」，但另一側的河道則相當寬闊，兩邊形成強烈對比。帶著孩子一邊欣賞壯闊美景，也能一邊推理此對比如何形成？由此推敲不同的岩層硬度會有不同的侵蝕結果。

旅遊小資訊

不吃不可

泥火山豆腐

羅山居民取泥火山的鹵水製作泥火山豆腐。走訪羅山時來場豆腐DIY，磨豆、熬煮豆漿到壓模成形，親手做的豆腐就是多了股好滋味。

DATA：羅山大自然體驗農家
花蓮縣富里鄉羅山村
12 鄰 58 號
（03）882-1352

玉里橋頭麵

油麵搭配上油蔥酥和豬肉片，看似簡單的日常麵食，但端上桌色香味俱全，滋味讓人難忘，老闆也有準備各式滷味，讓客人自己挑選。

DATA：花蓮縣玉里鎮中正路 126 號
（03）888-2909

花蓮玉里臭豆腐

外酥內嫩的臭豆腐加上分量十足的酸甜的泡菜、醃漬蘿蔔絲、九層塔，讓許多遊客慕名而來品嚐，在店內同時也有販售黑豆漿、板豆腐等豆類製品。

DATA：花蓮縣玉里鎮民權街 15 號
（03）888-2545

冷知識

「彭佳嶼飄拂草」怎麼跑到花蓮泥火山旁？

靠近泥火山地景的一排植物是「彭佳嶼飄拂草」。聽到這海上島嶼的名稱，能猜想植物原生長在海岸邊。多數植物在噴發泥漿具鹽分的泥火山附近較難生長，但對耐鹽性高、多長在海邊的彭佳嶼飄拂草反而是優勢。

學習提問單

Q 走一趟玉里、富里之旅，你認識哪些植物？這些植物的外觀、生長特性有哪些特色？

Q 在小天祥，山洞兩端的景色，你覺得有何不同？你曾在哪邊見過峽谷地形？

Q 羅山地區的鹵蕨為珍稀保育類植物，我們能如何保護？

台東
到部落
感受豐富在地特色

原民部落要怎麼玩？
台東獨特的地理環境，
保留了原汁原味的美景，
也孕育出不同於西部的豐富物產。
想到台東，你可能會覺得遙遠；
但認真的走玩台東，
你會發現再遙遠都值得！

文｜張益勤　攝影｜黃建賓

六上自然：地表的變化
四上社會：家鄉的節慶與民俗活動
五上社會：原住民族文化
五上社會：台灣的自然環境
六上社會：文化的傳承與發展
七上社會：原住民文化

（年級或單元名稱因教科書版本而異）

04 太麻里金針山休閒農業區

03 台東池上鄉

02 比西里岸

01 鸞山部落

路線圖

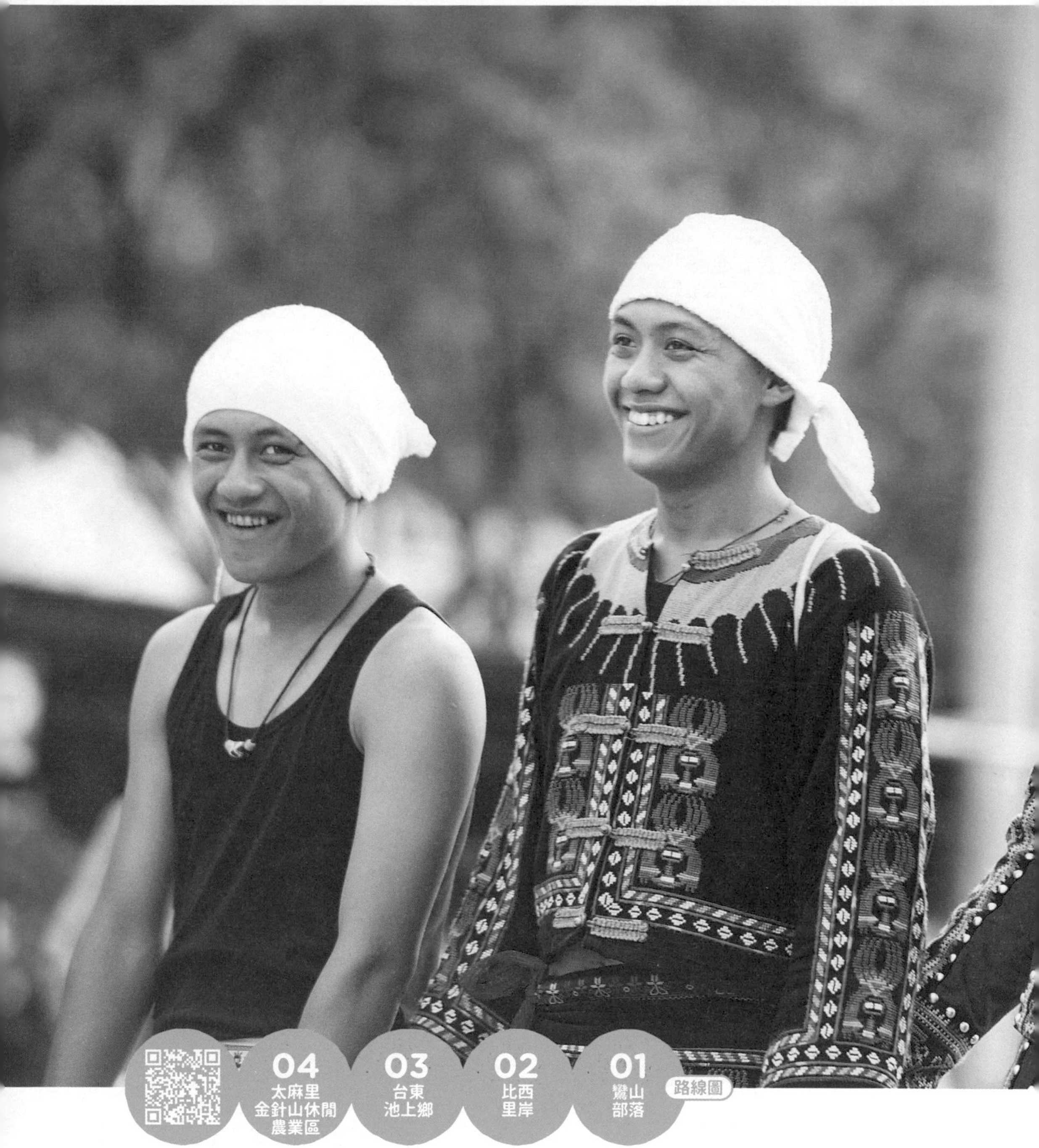

位在台灣東部，地形狹長，坐擁中央山脈和海岸山脈，因地處偏僻，開發不易保留了許多原始風景，走出屬於台東的特色。

台東縣有三分之一人口為原住民，在全台原住民族群中占有六個族群。族群的傳統文化各自迴異，展現豐富的多元文化。遊客到台東，多選擇參加祭典來體驗原民文化，從服飾和祭典內容來認識原住民，像是阿美族的歌舞或是排灣族的「鞦韆」等。但是原住民不只是祭典，祭典也不只是「豐年祭」，走一趟部落

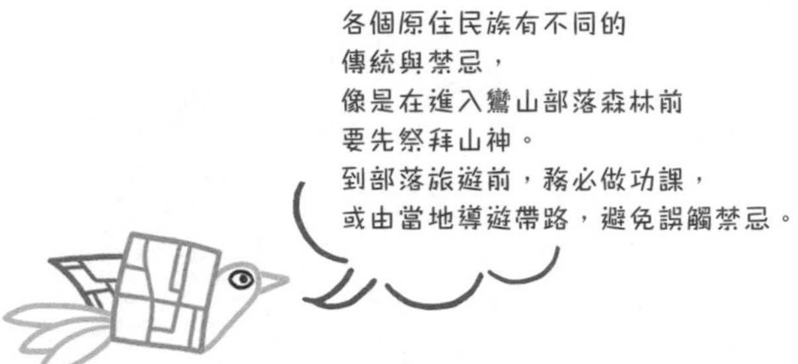

各個原住民族有不同的
傳統與禁忌，
像是在進入鸞山部落森林前
要先祭拜山神。
到部落旅遊前，務必做功課，
或由當地導遊帶路，避免誤觸禁忌。

01

鸞山部落

DATA

採預約制

沒有路標，入山將實施交通管制

請電洽0911-154806 阿力曼館長（聯絡時間 07:00-21:00）

或上官網預約

拜訪台灣阿凡達

距離台東市北邊四十分鐘車程的鸞山部落，是一大片未遭到破壞的森林，保留了布農族最原始的獵場。只要報名導覽，就可以從森林入口的「會走路的樹」，體驗傳統布農族獵人在森林裡走過的路，感受原住民與大自然的親密關係。爬過蔓延的樹根所形成的「樹根牆」，側身走在兩塊巨岩的夾縫，鑽過倒下的樹幹，腳踩著凹凸不平的岩石與前一天下雨而溼滑的土壤，四肢並用像隻猴子在林間穿梭，才能走過全長約八百公尺的生態廊道。

之旅，或到都蘭等對原住民有特殊意義的景點，將有更貼近的認識。

台東的好山好水，孕育出從北邊的池上米，到太麻里的金針花和釋迦，樣樣展現了台東的豐富。

狹長的台東縣，仰賴台九線和台十一線貫穿，走山線，走在中央山脈和海岸山脈的中間，一覽農村風光，人文風景盡收眼底；走海線，一邊是山、一邊是海，緊鄰著太平洋。台東讓人流連忘返，每到一定的時間，像候鳥一樣「回」到台東。他們愛上這裡的人情味，以及土地最真誠的味道。東

03

台東池上鄉

02

比西里岸（白守蓮社區）

DATA

台東縣成功鎮白蓮路260號
0915-777-124（預約表演）

用「鼓」找回部落青年

位在台東和花蓮交界處，有個海岸阿美族的部落「比西里岸」，意思是「養羊的地方」。部落興建文化中心，也將浮桶做成鼓，組成「PAW PAW鼓樂團」，試圖將部落青年找回來，傳承部落文化。團員除了打鼓，也負責社區導覽，消失的「年齡階級」也逐漸復興中。

池上米太陽遲到早退的產物

花東縱谷因為夾在海岸山脈和中央山脈中間，讓太陽「遲到早退」，日照時間較短，日夜溫差大，讓花蓮富里、台東池上和關山的稻米比其他地方晚熟20到30天，養分吸得飽，口感自然好，形成俗稱的「好米帶」。著名的「池上便當」也就此而生。

池上便當最具特色之處，就是用竹片做為便當盒，讓米多了種香氣，但其實池上便當最早是做給外出人吃的，為了方便攜帶，沒有附筷子，所以大多直接取下竹片，將竹片當湯匙舀著吃。

04

太麻里
金針山休閒農業區

(DATA)

台東縣太麻里鄉大王村

忘憂的故鄉

迎接台灣第一道曙光的太麻里位在台東南部，距離市區約一小時車程。這裡最有名的金針山，每年8到9月總吸引大批遊客到此賞花。金針花也叫忘憂草，古時候的人出遠門會將它種在院子，減輕母親的思念，象徵慈祥之花。

旅遊小資訊

不吃不可

班鳩冰品

卑南鄉美農村是台東釋迦的重要產地，經過卑南鄉時不妨到美農社區的班鳩冰品，品嘗一下有名的「鳳梨釋迦冰淇淋」和「鳳梨釋迦冰棒」。

DATA：台東縣卑南鄉美農村班鳩 109 號
（08）957-0399

台灣牛牛肉麵

是太麻里有名的牛肉麵店。老闆為了供家中小孩讀書而賣麵，最後 4 個女兒都念到了學士，所以，又稱四學士姐妹牛肉麵。

DATA：台東縣太麻里鄉河川 13 號
（08）978-1555

冷知識

你知道紅綠燈的三個顏色，其實和台東息息相關？

台東三寶是「釋迦、金針、洛神花」，剛好有三種顏色「綠、黃、紅」，是不是跟紅綠燈很像呢？

延伸資源

臺灣原住民族歷史語言文化大辭典

http://citing.hohayan.net.tw

學習提問單

Q 你知道廣告裡的金城武在哪一條路騎單車？

Q 為什麼縱谷產好米？

延伸景點

米國學校

位在關山鄉的米國學校，是昔日打仗時的米倉，保存了從前的碾米設備，詳細展出稻穀、粗糠、糙米、胚芽米等，並且提供製米體驗，適合想了解東部稻米文化的大小朋友。

DATA：台東縣關山鎮昌林路 24-1 號
（08）981-4903

都蘭

位於東河鄉的都蘭山為阿美族和卑南族的聖山，也是台灣小百岳之一。都蘭山下不只有都蘭國小出名，還有重要的都蘭遺址，最大特色就是巨石遺留，還有一口大石頭鑿成的石棺。都蘭部落也是阿美族的發源地。喜歡爬山的遊客也可以沿著都蘭步道走進山林，裡頭的「普悠瑪祭台」是卑南族追思祈福的地點。

花蓮富里六十石山和玉里赤科山：與台東太麻里金針山為全台三大金針美景。

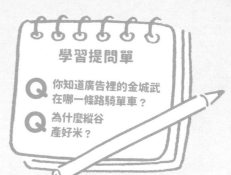

CHAPTER 5

跟著課本去旅行

SDGs

聯合國永續發展目標

減少國內及國家間不平等——

從華新街用南洋美食，
認識多元文化

經濟適用的清潔能源——

再生能源，
看不見的神奇魔法

和平、正義與健全的司法——

到立院、法院，
上一堂實境公民課

保育及維護海洋資源——

台東生態保育，
讓海洋成為最好的教室

NORTH SDGs NO.10 跟著課本去旅行

從華新街用南洋美食，認識多元文化

聯合國永續發展目標（SDGs）第 10 項：
減少國內與國家間的不平等。
來到新北中和華新街，
短短一條街有如東南亞多元文化的縮影，
能讓孩子體驗多元文化，
對不同族群理解、接納，
就能減少不平等。

文｜楊若晨　攝影｜楊煥世、劉潔萱、黃建賓

三下社會：多元的生活風貌
六上綜合：多元文化相處之道
七下社會：族群與文化

（年級或單元名稱因教科書版本而異）

路線圖

01 華新街騎樓小吃區

02 華新市場與公園

03 燦爛時光書店

04 曼第一雜貨店

「短短一條街上的餐飲、語言跟氣息，對緬甸移民來說，是無可取代的家鄉記憶。這條街上不只有各種美食，還有著阿叔阿孃飄洋過海的生命故事。」《緬甸街》雜誌創辦人楊萬利，也是在地緬二代，如此描寫新北中和華新街。

新住民文化在台灣日趨重要，在聯合國永續發展目標（SDGs）第十項就是「減少國內與國家間的不平等」，對不同族群理解、接納，就能減少不平等。

華新街被稱「緬甸街」，融合緬甸各族群的鹹香酸辣，這區住著一九六〇年代，因緬甸政府排華而移居來台的緬甸華人與後代，你口中的異國料理，正是他們思念的家鄉菜。

南勢角捷運站四號出口往華新街路上，途經德州儀器公司，是早期來台緬甸華僑工作場域；接著，手邊民宅出現莊嚴翠綠的大佛，這是間緬甸佛堂，支撐緬甸華人信仰。

中華民國緬甸歸僑協會祕書李惠玲領路，整條街林立中緬雙語的小吃招牌，從緬北雲南、廣東與閩南，到印度與泰國風味都有。

一大鍋香濃魚湯麵，再放上酥脆炸豆片，是緬甸人早午餐。吃不過癮，街上還有咖哩飯、椰子麵、雲南擺夷米線、粑粑絲與豌豆粉或酸香開胃的緬式涼麵，想嚐鮮就點涼拌醃漬茶葉，不只鹹食，棕糖鬆糕等甜點也買得到。

店內牆上菜單也出現人稱月亮文的緬文，與字體方正的中文菜單成對照。華新街的雜貨店裡什麼都賣，零嘴、南洋雜貨，老闆與店員精通中緬文，是早期移民溝通的橋梁，撐起生活所需，也一解鄉愁。短短一條街，是東南亞多元文化的縮影。S

01

華新街騎樓小吃區

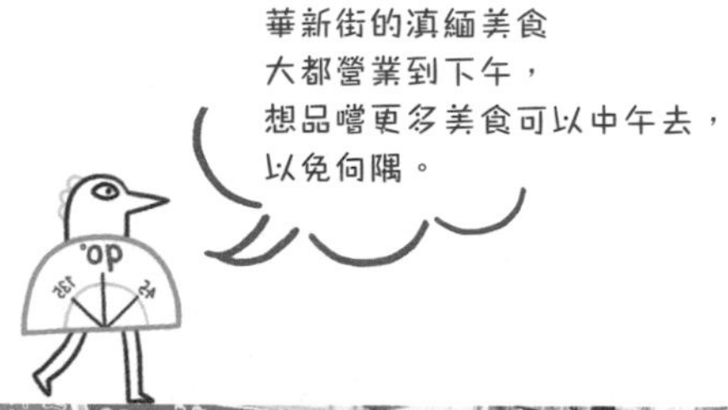
華新街的滇緬美食
大都營業到下午，
想品嚐更多美食可以中午去，
以免向隅。

聊一下午的日常風景

不管是小吃店還是奶茶館，華新街兩側的騎樓或往店裡望去，總會看到一夥人聚著、聊著，這家店吃完，再換到下一家店「續攤」喝茶吃餅，聊不過癮再找另一家繼續。這兒時間總是特別快，不用特地約，下個週末自然又會在這裡相見。

金孔雀
小吃店
2949-0211

母親的恩情小吃店

每天花2、3個小時熬煮的正宗緬甸咖哩，肉先爆香逼出油脂，再以緬甸咖哩粉、魚露、薑黃、紅椒等食材製成，有肉有菜多種口味，還販售緬甸特色菜，像是酸酸辣辣的炒洛神葉。

DATA 新北市中和區華新街60號
0916-599302

⬆ 清真小吃店

各家茶館的奶茶風味略有不同，茶葉品種與比例各自調配，搭配的小點心也不同。喝奶茶時，絕對不能錯過現做窯烤的印度烤餅與煎餅，抹上奶油、砂糖或豌豆泥，甜鹹都好吃，更道地的吃法是撕開烤餅沾奶茶。至於雞蛋煎餅，則是將奶油與雞蛋加入拉撐的薄麵糰一起煎炸，撒上砂糖與煉乳，小孩最愛。

DATA 新北市中和區華新街62號
（02）2940-2704

⬅ 阿薇緬甸小吃店——魚湯麵

以芭蕉樹心熬煮好幾小時的魚湯麵，湯頭金黃香濃，此外還有金山麵、咖哩米苔目、涼拌麵；只想單純喝湯也行，一碗幾十元銅板價，保證過癮。

DATA 新北市中和區華新街27號
（02）2948-6964

02

華新市場與公園旁

DATA

密支那（Myoma）炸物店
華新街傳統市場與公園旁

阿揪炸物

阿揪（a-kyaw）是炸物的緬甸語，像台灣的菜炸或日本天婦羅。早期在炎熱的緬甸，油炸較能保存食物，瓠瓜、洋蔥、鷹嘴豆，甚至辣椒、芭蕉、紅豆都可以炸，常搭配酸辣醬料。

03

燦爛時光書店

DATA

新北市中和區興南路一段135巷1號
（02）2943-5012

東南亞文化推手

一個「光」字燈箱的燦爛時光東南亞主題書店，這是一間只借不賣的書店，也是台灣東南亞文化推手。

04

曼第一雜貨店

DATA

新北市中和區華新街14號、46號
0930-260701

各式南洋雜貨尋寶地

街上奶茶喝不過癮，想外帶回家，可以來這買一大袋沖泡式緬甸奶茶包，店內還販售各式南洋雜貨與民生用品，像是緬甸保養品「特納卡」、招財貓頭鷹雕刻與裝飾掛畫、越洋電話卡、書籍等。

旅遊小資訊

延伸景點

台北車站「地板圖書館」

週日是東南亞移工與朋友相聚的休息日，常在車站大廳席地而坐。燦爛時光東南亞主題書店自 2016 年初，每週日下午 2 點，會帶一行李箱的東南亞語文書籍，在 F24 柱子下免費借閱，讓東南亞移民朋友與家鄉更靠近。

台中東協廣場與周邊

東協廣場周邊的舊城區，過去是台中人聚會的場所。儘管現今因為老舊，當地人較少前往，假日多是移工聚集，但在地老店與東南亞多元文化並存，還有東南亞蔬菜攤、小吃店與雜貨店，也是體驗多元文化的路線。

冷知識

魚湯麵裡為什麼沒有魚？

在台灣的魚湯麵多是用在地鱸魚跟吳郭魚去烹煮，要製作一碗正宗魚湯麵，要先將魚肉煮熟後撈起，除去魚骨，撕開魚肉再加入各式食材與香料，熬煮 2 小時，起鍋前進行調味，熬煮過程中魚肉早已化為濃濃湯汁。

延伸資源

多元文化導覽預約

詳洽「島內散步」官網、燦爛時光書店臉書專頁、嗚個喇叭文化工作室，不定時會推出多元文化的導覽活動

《緬甸街》雜誌

嗚個喇叭工作室出版

《誰吃了我的豌豆烤餅？》繪本

尤依筑著、蔡豫寧繪
嗚個喇叭工作室出版

學習提問單

- Q 觀察緬甸人早餐吃什麼？和我們吃的有何不同？
- Q 請寫出 5 種緬甸雜貨店裡販賣的日常物品。
- Q 緬甸生肖與台灣生肖有什麼不同？
- Q 許多緬甸小吃店的店頭都會擺放一對貓頭鷹，請詢問店家老闆為什麼要放貓頭鷹？怎麼分辨公母？

再生能源，
看不見的神奇魔法

聯合國永續發展目標（SDGs）第 7 項：
人人能有負擔得起、可靠且永續的能源。
電力摸不到，如何讓孩子對電力有感？
來到 D/S ONE 電幻 1 號所，
再生能源不再是抽象難理解的知識。
拜訪桂山發電廠，
也能了解水力發電的奧祕。

文｜蘇岱崙　攝影｜曾千倚

四上自然：認識能源
六下社會：地球村的議題
九上自然：位能與動能／電流
九下自然：發電方式／能源科技

（年級或單元名稱因教科書版本而異）

路線圖

01 桂山發電廠

02 桂山發電廠粗坑機組

03 D/S ONE 電幻 1 號所

電力的發現和運用，無疑將人類文明推進往新的里程碑。

二〇一五年聯合國永續發展目標（SDGs）第七項追求的是：人人能有負擔得起、可靠且永續的能源。我們每天享受著方便的電力，用得到卻摸不到，如何對電力有感？

二〇一九年開放的台電D/S ONE電幻1號所裡，風力、水力、太陽能、潮汐能、地熱能，這些再生能源不再是抽象難理解的知識。

入場之前，記得借只手環，透過各種肢體活動「釋放身體能量」，轉換為五種再生能源發電量，累計達到目標後，能啟動神祕的能源放送，來到此的孩子莫不為之瘋狂「放電」。部分設施須十二歲以上才能體驗。

從具有未來感的電幻1號所，往南約一小時的車程，鄰近市區的新店溪流域，即是台灣最早的再生能源——水力發電起源處。水力發電運用水位高低落差的能量轉換原理，不少發電廠因此位於山林祕境。

往烏來方向的台電桂山發電廠園區，去年七月起甫整理開放「新店溪流域水力發電文物展示館」，採預約參觀，戶外園區則展示了水力發電各式水輪機。

桂山發電廠下游的粗坑機組，目前由桂山電廠遙控發電，又稱小粗坑發電所，這個建築物是百年古蹟，於日治時期一九〇九年完工啟用，是台灣第二座興建、也是目前仍在運轉中最古老的水力發電廠。

粗坑機組從屈尺壩引水發電，天氣好的上午，不妨先到桂山發電廠、屈尺壩和粗坑機組親近新店溪祕境美景，再到電幻1號所參觀，可組合為一日遊行程。

01

桂山發電廠

DATA

新北市新店區桂山路37號
（02）2666-7223轉752

一探水力發電究竟

位在桂山發電廠內的新店溪流域水力發電文物展示館，展示了日治時期水力發電廠採用的水壓表 ❶。水力發電運用水的位能驅動水輪機轉動，帶動發電機，桂山發電廠戶外園區展示水力發電廠汰換下來的各式水輪機 ❷，這些機具平時在電廠內部，難得一窺其貌。戶外園區開放，目前文物館參觀限平日，須先預約。

1

2

02

桂山發電廠粗坑機組

DATA

新北市新店區永興路45號
（02）2666-7223轉740

最老的古蹟發電廠

1909年竣工啟用，是台灣第二座水力發電所，也是目前仍運轉中最古老的發電所，建築物超過112年，屋頂有具散熱功能之高凸式氣窗，建築立面以圓拱圈裝飾，山形牆上方仍留有日治時期發電所的標誌「台」。

03

D/S ONE 電幻1號所

DATA

新北市板橋區縣民大道二段1號
(02)8969-7511

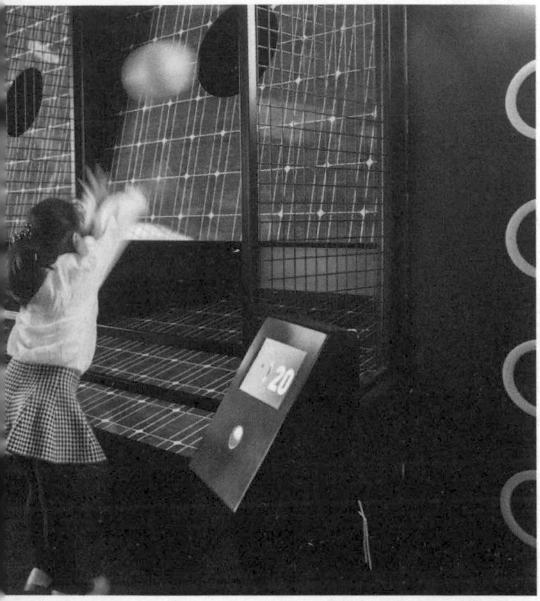

「放電」好所在

D/S在台電是變電所的縮寫，轉化為「設計／永續」的意念，作為電幻1號所的名稱。投籃機設計，模擬太陽能發電。每顆球象徵太陽輻射能，投入後產生電位差發電。現場也將供電、用電需求，設計成互動桌遊，實際體驗電力公司為求供需平衡，電網調度過程中運用的策略。

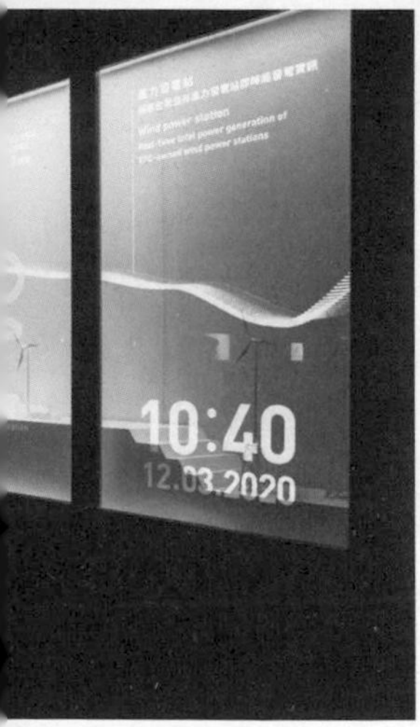

旅遊小資訊

不吃不可

桂山電廠冰棒

鄰近桂山發電廠的翡翠水庫在建造時，需要冰塊冷卻水泥塊，建造完工後桂山發電廠買下製冰機，後以員工福利社製造冰棒販售，由於用料實在又便宜，讓人趨之若鶩。每年 3 月中～ 11 月中販售。

DATA：新北市新店區桂山路 29 巷 38 號
（02）2666-5675

冷知識

新店溪畔的「小烏龜」指的是……

1975 年台電將新店溪流域的三座水力發電廠小粗坑電廠、烏來電廠、新龜山電廠（現桂山電廠）整併營運，暱稱為「小烏龜」。目前台電在新店溪除了以上三所電廠，還有翡翠水庫水力發電，皆採無人、自動化運轉，統一由桂山電廠遙控發電。

學習提問單

Q 桂山發電廠戶外展示各種淘汰的水輪機，它們在水力發電過程中的作用是什麼？

Q 電幻 1 號所介紹的 5 種再生能源中，目前台灣還沒運用的有什麼？

Q 目前再生能源在台電發電量占比大約多少？優缺點是什麼？

NORTH
SDGs NO.16
跟著課本去旅行

到立院、法院 上一堂實境公民課

聯合國永續發展目標（SDGs）第 16 項：
和平、正義與健全的司法。
台灣包括法院、立法院都開放民眾旁聽，
甚至提供團體預約參觀導覽。
把公民課搬到立法院和法院來上，
絕對比課本裡的名詞解釋學得深刻。

文｜陳盈螢　攝影｜楊煥世、黃建賓

六上社會：法治你我他
八上社會：中央政府
八下社會：民法與生活／刑法與行政法規／
權利救濟

（年級或單元名稱因教科書版本而異）

三重高中師生參訪當天，巧遇甫接待完選民團體的立法委員林思銘，立委現場幫學生上起公民課，解說中央政府制衡關係。

02 台北地方法院

01 立法院

路線圖

從九年一貫到一〇八課綱，人權教育一直是議題融入課程的重要一項。

而此也呼應聯合國永續發展目標（SDGs）第十六條：「促進和平多元的社會，確保司法平等，建立具公信力且廣納民意的體系。」但該怎麼讓「權利」觀念具象化，讓孩子們明白？把公民課搬到立法院和法院來上，絕對比課本裡的名詞解釋學得深刻。

台灣是民主法治國家，包括法院、立法院都開放民眾旁聽，不少中央政府機關甚至提供團體預約參觀導覽。

來到司法院所屬的台北地方法院，法庭為強化審判公信力，凡年滿十歲以上民眾，都可自由進入法庭旁聽。

坐在旁聽席，可見法庭上，代表國家偵查犯罪、提出公訴的檢察官，與辯護人的席位平行，象徵著檢辯雙方在審理程序上立於平等地位。

「審判獨立」也不單只是意象，法官到法庭開庭走的是獨立的法官通道，正是為免法官與檢察官、辯護人等接觸，影響審判。

同為司法體系的司法院、高等法院、台北地院等，也都接受團體的預約導覽，但有不同的年齡限制。

距離台北地方法院不遠的立法院，入口望去正中央全白立面對稱的建築就是議場，立法院院會開議的場所。院會開議期間，八歲以上的民眾可以申請旁聽，親眼見證立委質詢、審查法案，也接受團體預約導覽。

三重高中公民教師陳雅利認為，光是踏進議場感受氛圍、認識位置配置等，都能有助學生不再單就片段新聞畫面連結課本內容。S

01

立法院

DATA

台北市中正區中山南路1號
（02）2358-5258

院會開議期間，
八歲以上就可以
申請旁聽喔！
90°
45
135

感受最高民主殿堂氛圍

現立法院行政大樓，曾為日治時期台北州立第二高等女學校，L型銅板瓦屋頂為1919年興建，呈半木構的校園建築風格，平屋頂樓房則為1936年加蓋，為鋼筋混凝土構造。非院會期間參訪，有機會進入議場中心參觀。

02
台北地方法院

DATA

台北市中正區博愛路131號
(02)2314-6871轉6116

真實反映社會人生百態

❶ 二樓是法庭，大多開放民眾旁聽。若事先預約20至50人團體參訪，可試穿法袍，在模擬法庭坐在對應席位，體驗法官實際開庭情形。

❷ 電子看板上公告的是法院拍賣相關資訊，動產拍賣種類多元，讓人嘆為觀止，包括靈骨塔、牛仔褲等，都是遭法拍項目。

旅遊小資訊

不吃不可

建中黑砂糖刨冰

建中生都知道！ 80 年黑糖刨冰老店，黑糖淋醬有著濃郁焦香，一碗冰可選 4 種配料，人氣必點就屬嫩 Q 彈牙的黑糖粉粿。單人內用可無限加冰與黑糖淋醬。

DATA：台北市中正區泉州街 35 號
（02）2305-4750

冷知識

立法院衛區會經「被失蹤」？

1960 年，從台北市中山堂遷移至中山南路現址後，立法院首次使用這塊衛區。但在 1988 年一次民間團體與警方爆發衝突時，遭示威者強行拔除而「神祕失蹤」數日，後來才在台大醫院附近被人尋獲送回立法院。

學習提問單

Q 為何上述機關願意開放給民眾參觀、旁聽？和公民權有何關聯？

Q 中、小學生未具有公民權，但能透過什麼方式參與政策討論？

Q 民主社會中，為什麼常用「投票」來作為重要的參與形式？

台北地方法院
需於預定參訪日
前 7 日填載申請書以郵寄、
傳真或電子信箱方式
預約團體參觀導覽。

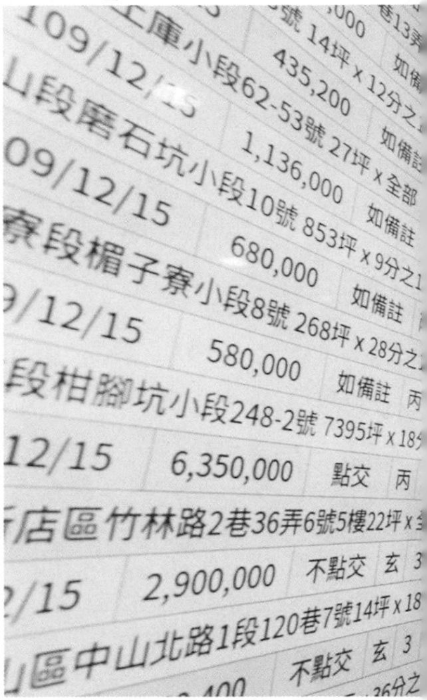

EAST
SDGs NO.14
跟著課本去旅行

台東生態保育
讓海洋成為
最好的教室

聯合國永續發展目標（SDGs）第 14 項：
保育及維護海洋資源。
帶孩子走趟海線之旅，讓孩子想一想：
「想繼續保有這片美麗海洋，
我能做些什麼事？」
也許就能在孩子心中，
埋下保護海洋與海岸生態的種子。

文｜許家齊　攝影｜黃建賓

四上自然：水生生物的世界
五上社會：台灣的河川與海岸
六上自然：地表的變化
六下自然：生物、環境與自然資源

（年級或單元名稱因教科書版本而異）

路線圖

01 富山漁業資源保育區

02 成功海洋環境教室

03 三仙台

04 成功漁港

海洋文學作家廖鴻基曾寫道：「海洋教育不能老是停在教室、留在陸地談海洋。」他教書時會安排學生走海岸、體驗航行，並發現不少學生接觸大海後，會在心中埋下「對海的基本情義」。

海洋就是最好的教室。三仙國小用課程帶學生認識家鄉。「在地海岸線能學習的素材非常豐富。」三仙國小校長邵雅倩說。三仙台的拱橋建設、大石傳說、原住民文化、植物、貝類與礁岩，都成了教材。孩子更當起導覽員，說起比西里岸的故事，也提醒訪客不要破壞環境。

往成功鎮上走，港口邊能看到停靠漁船，中午有機會看到魚貨拍賣。沒能跟著出海，可轉向找在地人深入認識小鎮，如在市場內經營丸昌魚行、過去曾是國小老師的彭馨平，帶著訪客DIY魚丸，也介紹成功鎮的漁業歷史，談起鏢旗魚、延繩釣、流刺網等不同捕魚法對漁業資源的影響。

台11線往南走，約半小時車程來到富山漁業資源保育區，聽導覽員說，為了生態保育，不再讓遊客在此餵魚吃饅頭了。生態保育與觀光經濟間的衝突與平衡，成為面向海洋的一道思考題。

聯合國永續發展目標（SDGs）第十四項是「保育及永續利用海洋資源以促進永續發展」，減少海洋汙染、保護海洋與海岸生態、永續漁業等，都是細項發展目標。

走趟海線之旅，這些目標不再遙遠，而是能帶孩子望著海景，最直接的想：「想繼續保有這片美麗海洋，我能做些什麼事？」當愛海洋的心被啟動，海洋教育就不會忘在教室，而是能想望著大海，展開思考與行動。S

01

富山漁業資源保育區

DATA

台東縣卑南鄉富山村杉原20號
(089) 281-582

潮間帶生態豐富

富山漁業資源保育區目前已禁止民眾餵食魚群，因先前餵食過量，水質、生態都受到影響。現在遊客在此能透過導覽認識生態，或欣賞海洋，與自然共處。圖為農委會漁業署、台東區漁會、台東縣政府與台灣海洋保育與漁業永續基金會邀富山國小師生、民眾進行魚苗放流活動，希望增加海洋生物多樣性。

02

成功海洋環境教室

DATA

台東縣成功鎮港邊路1-5號1樓
0978-236307

認識在地「鏢旗魚」文化

旗魚有哪些類型？最重可能達幾公斤？「鏢旗魚」究竟如何進行？探索成功小鎮之旅前，不妨先到成功漁港附近的成功海洋環境教室參觀，透過免費的導覽解說，認識當地著名的鏢旗魚文化，以及旗魚、鯨豚的各種知識。

03

三仙台

出發前，
先讓孩子上中央氣象局網站查潮汐與天氣，
判斷是否會影響行程，
如風浪大時三仙台拱橋可能不開放行走，
漲潮時有些海邊步道會被淹沒，
才能玩得安全又盡興。

DATA

台東縣成功鎮基翬路74號
（089）854-097

立體的自然課本

衝到台東三仙台看新年第一道曙光，是許多人嚮往的行程。來三仙台，不僅可以望著三塊巨岩，和孩子說起呂洞賓、李鐵拐、何仙姑曾登島的傳說，也可以認識阿美族的生活文化。三仙台也像立體自然課本，奇特造型的岩石、海蝕地形，值得欣賞；豐富的植物生態、棲息鳥類，能帶著孩子細細觀察。

↑ 三仙台長度約 400 公尺的跨海拱橋，連結了陸地和岬角海灣，是最具指標性的景觀。

04

成功漁港

DATA

台東縣成功鎮港邊路19號
(089) 851-004

東海岸最大漁港

成功漁港是東海岸地區最大的漁港，黑潮暖流流經，帶來豐富的魚量，每年10月東北季風吹起時是旗魚的盛產季，漁民鏢旗魚的技藝也成為成功鎮的特色。若漁獲量豐，漁港中午開始會進行漁獲拍賣，遊客經過也能旁觀體驗漁市文化。漁港附近的萬善爺廟，供奉全台唯一的「旗魚神」雕刻，漁民會向旗魚神祈求豐收、出海平安。

旅遊小資訊

不吃不可

大慶柴魚

到漁港走，吃幾口帶有濃濃魚鮮味的零食更有風味，還可以看到店家現刨柴魚片，煙燻柴魚味也讓回憶多一味。

DATA：台東縣成功鎮中山路 62 號
（089）851-133

冷知識

劍旗魚是靠尖尖的嘴巴刺殺獵物嗎？

劍旗魚的特徵是嘴巴（吻骨）像一把劍，尖而長。許多人會想像劍旗魚覓食時，是用尖尖的嘴巴把獵物刺穿，但其實牠是甩著長長的吻骨把獵物打昏、劃傷，再把獵物吞進肚。

延伸景點

台東縣自然史教育館

前往三仙台時會經過台東縣自然史教育館，有超過六百種貝殼，讓人目不暇給。透過館內解說，不僅能認識各式貝類，也能以貝殼的角度認識海洋環境。

DATA：台東縣成功鎮基翬路 16 號
（089）851-960 轉 501

延伸資源

《旗魚王》
李如青著
聯經出版

《十六歲的海洋課》
廖鴻基著
蔚藍文化出版

《討海魂：13 種即將消失的捕魚技法，找尋人海共存之道》
行人文化實驗室企畫
行人出版

學習提問單

Q 走一趟海線之旅，再讀 SDGs14 保育海洋資源的發展目標，你對哪些內容最有感？能展開什麼行動？

Q 在成功漁港附近餐廳，有哪些你很少看過的魚種料理？這些魚種有什麼特色？

Q 和漁民聊天，或聽完導覽後，你認識了哪些捕魚手法？這些手法各有哪些特色？

感謝每一段旅程所有達人的陪伴，不但豐富了我們每回的旅遊驚艷，也讓我們從中增長了見識，在此由衷感謝！

北部

台北

呂理昌、 楊世昌

新北

謝德錫、鞏慧敏

桃園

余崇立 、里方勞・勒格艾、張庭華、陳益豐、黃春成、黃淑君、劉清剋、鄭姚霖、鄭恩慈

新竹

周廷珍、張寶釧、郭芸均、詹碧玉、陳華山、劉創盛、潘鵬仁、鄭榮次、鍾永熹、羅美搖、蘇　琴

中部

台中

王星卯、吳長錕、程瑋翔、黃郁軒、葉仁和、劉克襄、謝文賢、台中放送局、永進木器廠、道禾六藝文化館（台中刑務所演武場）

彰化

李宗哲、施永傳、施國瑜、洪維身、陳秋霖、鄭武郎、蕭玉嬌、鍾國仁

SDGs

吳怡慧、李惠玲、邵雅倩、陳雅利、彭馨平、黃惟伶、黃富承、楊萬利

南部

嘉義

余國信、吳昆臻、林喜信、韋宜君、陳吟昕、陳廷赫、陳青秀、陳俊文、陳新吉、廖振華、劉宗源

台南

王世杰、王浩一、吳梅瑛、周妮萱、姚志峰、徐丸忠、徐麗琪、翁程祥、張美雪、張景傑、陳怡均、黃正雄、蔣念芸、簡辰全、魏婉如

高雄

吳涵瑜、陳坤毅

屏東

江國樑、陳柏升、陳麗萍、黃宥蓁、蔣晉元、屏東縣恆春鎮公所、屏東縣政府文化處、恆春拓真學會、墾丁國家公園管理處解說教育課

東部

宜蘭

吳思儀、張崇智、游宏隆、楊霈瑜、賴伯書

花蓮

陳秋正

台東

阿力曼、洪文政、陳春妹、彭衍芳、江淑雯、吳家恩、杜珞琳、胡洲賢、蕭裕奇、鍾運祥

（感謝名單依姓氏或單位筆劃順序排列）

學習與教育219

跟著課本去旅行（新課綱增訂版）
20條玩遍台灣的親子旅遊×素養生活提案

作　　者｜親子天下編輯部
攝　　影｜楊煥世、黃建賓、天下資料庫、特別感謝「有點衝文創公司」提供照片
責任編輯｜陳瑩慈
校　　對｜許翠瑄、王雅薇、李春枝、魏秋綢
封面、內頁設計｜王薏雯
內頁排版｜雷雅婷
行銷企劃｜林靈姝

天下雜誌群創辦人｜殷允芃
董事長兼執行長｜何琦瑜
媒體暨產品事業群
總經理｜游玉雪
副總經理｜林彥傑
總監｜李佩芬
行銷總監｜林育菁
版權主任｜何晨瑋、黃微真

出版者｜親子天下股份有限公司
地址｜台北市104建國北路一段96號4樓
電話｜(02)2509-2800　傳真｜(02)2509-2462
網址｜www.parenting.com.tw
讀者服務專線｜(02)2662-0332　週一～週五09:00~17:30
讀者服務傳真｜(02)2662-6048　客服信箱｜parenting@cw.com.tw
法律顧問｜台英國際商務法律事務所・羅明通律師
製版印刷｜中原造像股份有限公司
總經銷｜大和圖書有限公司　電話｜(02)8990-2588

出版日期｜2014年 7 月第一版 第一次印行
2022年 1 月第二版 第一次印行
2024年 6 月第二版 第七次印行
定價｜420元
書號｜BKEE0219P
ISBN｜978-626-305-017-4（平裝）

訂購服務
親子天下 Shopping / shopping.parenting.com.tw
海外・大量訂購 / parenting@cw.com.tw
書香花園 / 台北市建國北路二段6巷11號　電話（02）2506-1635
劃撥帳號 / 50331356 親子天下股份有限公司

國家圖書館出版品預行編目 (CIP) 資料

跟著課本去旅行 / 親子天下編輯部作. -- 第二版. -- 臺北市 : 親子天下股份有限公司, 2021.06

192面 ;17*21公分. -- (學習與教育)
ISBN 978-626-305-017-4(平裝)

1.臺灣遊記 2.中小學教育

733.6　　110007827